UDO SCHROETER

Bin bei mir

Inhalt

Wo bin ich gerade mit meinen Gedanken?
Und findet dort, wo ich mit meinen Gedanken bin, gerade mein Leben statt?

Das Wetter ist ideal zum Wellenreiten. Die zwei Freunde Tom und Paul haben sich in einer malerischen Bucht verabredet. Es wäre auch zu schön gewesen, doch bald schon stellt Paul fest, dass Tom mit seinen Gedanken gar nicht bei der Sache ist. Ständig ist er woanders, mal bei der Arbeit, mal bei seiner nicht ganz einfachen Beziehung. Seine innere Unruhe lässt ihn nicht ankommen.
Dann erzählt ihm Paul eine Geschichte von zwei Fischern, die Tom aufhorchen lässt. Als ihm Paul mithilfe dieser bildhaften Geschichte seine Situation anschaulich vor Augen führt, beginnt er zu verstehen. Er begreift, wie sehr ihn seine eigenen Gedanken an die Zukunft oder Vergangenheit daran hindern, im Hier und Jetzt zu sein.
In der Geschichte zeigen ein Kreis, zwei Flaschen und drei Steine sinnbildlich, was nötig ist, damit ein erfülltes Leben gelingen kann. Vor allem aber, wie Tom es auch dann führen kann, wenn die Auszeit am Meer vorbei ist.

Autor

Udo Schroeter ist Autor und veranstaltet Seminare und Workshops zu den Themen Persönlichkeitsentwicklung und Stressbewältigung. 2006 ist er mit seiner Familie auf die dänische Insel Bornholm ausgewandert. Seitdem ist er unzähligen Menschen zum Wegbegleiter geworden und ist ein gefragter Referent und Speaker. Seine tiefe Verbundenheit zur Natur ist in all seiner Arbeit spür- und erlebbar. Neben seinem Bestseller »Bin am Meer« hat er zahlreiche erfolgreiche Bücher veröffentlicht.

www.udoschroeter.com

UDO SCHROETER

Bin bei mir

Eine Erzählung
über ein Leben im Hier und Jetzt

KÖSEL

MIX
Papier | Fördert gute Waldnutzung
FSC® C014889

Penguin Random House Verlagsgruppe FSC® N001967

2. Auflage 2025

in der Penguin Random House Verlagsgruppe GmbH,
Neumarkter Straße 28, 81673 München
produktsicherheit@penguinrandomhouse.de
(Vorstehende Angaben sind zugleich Pflichtinformationen nach GPSR.)

Umschlaggestaltung: FAVORITBUERO, München
Umschlagmotiv: © Claudia Lieb
Innenteilabbildungen: © Claudia Lieb
Redaktion: Vera Baschlakow
Satz: Uhl + Massopust, Aalen
Druck und Bindung: Friedrich Pustet GmbH & Co. KG, Regensburg
Printed in Germany
ISBN 978-3-466-34825-1

www.koesel.de

Inhalt

Bedeutung der Symbole

..... Kreis *Hier* und *Jetzt*

..... Stein *Körper*

..... Stein *Herz*

..... Stein *Verstand* und *Gedanken*

..... Flasche *Vergangenheit*

..... Flasche *Zukunft*

Prolog

Es war wieder einer dieser mittlerweile unzähligen Momente, in denen ich mit meinen Gedanken nicht dort war, wo sich mein Leben gerade abspielte. Meine Gedanken liefen meinem Leben ständig davon. Sie liefen voraus, immer voraus, und mir ging vom Hinterherlaufen langsam die Puste aus.

Ich konnte einfach den Knopf nicht finden, auf dem stand: *Entspann dich endlich mal und fang an, dein Leben zu genießen, in diesem Augenblick: im Hier und Jetzt.*

Du hast nur dieses eine Leben, und es findet gerade in diesem Augenblick statt.

Wenn es denn überhaupt einen derartigen Knopf gab …

Die Rückkehr

Wo bist du gerade mit deinen Gedanken?

Vor zwei Tagen waren mein Freund Paul und ich wieder in dem kleinen Küstenort angekommen, oder um es mit Pauls Worten zu sagen, *gestrandet.*

Wir waren Rückkehrer.

Rückkehrer sind Menschen, die zu einem Ort eine so tiefe Verbundenheit fühlen, dass sie ihn immer wieder in gewissen Zeitabständen aufsuchen. Und für uns war es jetzt endlich wieder so weit: *Rückkehr.*

Das erste Mal waren wir vor zwölf Jahren an diesem Sehnsuchtsort gelandet. Damals eher zufällig, weil wir mit unserem knappen Urlaubsbudget auf ein Angebot gestoßen waren, das unsere Herzen im Gleichtakt höher schlagen ließ. Wir buchten unsere erste Reise hierher, und wir wurden nicht enttäuscht. Ganz im Gegenteil. Manch einer würde bis heute von einem verschlafenen Nest sprechen. Für uns war es stets ein Stück Paradies auf Erden.

Und jetzt waren wir also wieder zurück an diesem traumhaften Ort, am Meer und in unserem Paradies.

Paul und ich kannten uns jetzt seit fast dreißig Jahren.

Wir hatten die Schulbank in der letzten Reihe auf der weiterführenden Schule und die schlechten Noten in Mathe und Französisch geteilt. Wir spielten in derselben Fußballmannschaft – Paul als umschwärmter Mittelfeldstratege und ich als grobmotorischer Abräumer in der Sechser-Abwehrkette. Diese geballte Abwehrkette war nicht unumstritten, aber sie war notwendig, damit wir nicht bei jedem Punktspiel die Hucke richtig voll bekamen. Als kleines Dorfteam waren wir auf jeden Mitspieler angewiesen, der halbwegs geradeaus laufen und schießen konnte. Elf Jungs aus zwei Jahrgängen. Das war für ein Dorfteam eine echte Herausforderung, und damit hatten wir auch immer noch keine Auswechselspieler. Bei einer reinen Spielzeit von zweimal dreißig Minuten hissten die meisten von uns nach vierzig Minuten konditionell die weiße Flagge. Die meisten Gegentore bekamen wir in den letzten zwanzig Minuten.

In dieser Zeit verliebten Paul und ich uns beide in die Tochter des Trainers, und wir ließen kein Dorffest und keine Vereinsfeier aus, um bei ihr einen guten Eindruck zu hinterlassen.

Es war schließlich unser Torwart, der ihr Herz eroberte. Diese Schmach kittete unsere Freundschaft noch enger zusammen, und Jahre später war ich Pauls Trauzeuge, als er fest entschlossen und zielsicher in den Hafen der Ehe schipperte.

Er heiratete Maike, die Cousine der Trainertochter. Er hatte sie zufällig auf einem Handballturnier kennengelernt, auf dem er die Plätze kreiden sollte. Seine schief gezogenen Striche sorgen bis heute für Gelächter auf den Vereinsfeiern.

Ich suchte immer noch die Frau fürs Leben. Im Augenblick hieß meine Lebensabschnittsbegleiterin Susanne, und alles deutete darauf hin, dass auch die Beziehung mit ihr nur eine Episode in meinem gelebten Beziehungsstückelwerk werden würde.

Meine Beziehungen waren häufig zu emotionalen Kriegsschauplätzen verkommen, auf denen es richtig zur Sache ging: Eifersüchtelei, Besserwisserei, Kleinmacherei, Misstrauen und am Ende stand immer die Trennung – dieser Mix aus Befreiung und Ernüchterung. Beunruhigend war, dass die Lebensabschnitte mit jeder neuen Partnerin immer kürzer wurden. Ich war nicht beziehungsfähig, und es war Paul, der mir das in ein paar Tagen spiegeln würde. Noch ahnte ich davon nichts …

Paul war zum Wellenreiten hinaus auf das Meer gepaddelt, und ich saß in dem gemütlichen Strandcafé, in das ich mich die meiste Zeit des Jahres träumte. Ein Espresso mit Milchschaum, ein Cookie und der Anblick des wellenbewegten, endlosen Meeres, in dem Paul versuchte, nach einem Jahr wieder seine erste Welle zu reiten. Zwei, drei Mal stand er fast schon auf dem Brett, aber die nächste Welle war dann doch schneller als seine gealterten Knochen. Wir hatten schon auf der letzten Reise beschlossen, dass wir unsere Wellenreiterkarrieren rechtzeitig beenden würden. So rechtzeitig, dass niemand am Strand mit Fingern auf uns zeigen würde. Aber noch ging's.

Und der Plan für die Zeit nach unserer Wassersportkarriere stand auch bereits fest: Wir peilten eine Karriere als Boulespieler an. Das Schöne an dem Sport war, dass man ihn so lange betreiben konnte, wie man noch halbwegs in der Lage war, die Kugeln wieder aufzuheben und nebenbei an einem gut gekühlten Pastis zu nippen. Beides gelang uns noch …

Jetzt in der Vorsaison war es nicht nur in den kleinen Cafés und Restaurants des Ortes angenehm unaufgeregt. Wir mussten auch die Wellen nicht mit allzu vielen anderen Surfern teilen. Am Strand und im Wasser war alles entspannt. Dies war ein weiterer Grund, warum wir immer wieder gerne an diesen Ort zurückkehrten.

Das Café lag direkt neben dem kleinen Hotel, in das Paul und ich uns eingebucht hatten. Fünfzehn Zimmer, und über die Jahre hatten wir wohl die meisten der Zimmer bewohnt.

Rückkehrer wählen gerne die vertrauten Unterkünfte, weil sie schon auf der zweiten, spätestens aber auf der dritten Reise persönlich und mit Vornamen begrüßt werden. Das bestärkt ihr Gefühl des Nach-Hause-Kommens.

Auch Jean, der Besitzer des Hotels, hatte sich über die Jahre unsere Namen gemerkt. Und nicht nur das, er schloss uns bei jeder neuen Begrüßung herzlich in seine starken, tätowierten Arme.

Das kam für einen *Rückkehrer* schon fast einer Einbürgerung gleich, ganz so, als wäre man nie weg gewesen und würde für immer dazugehören.

Es war früh am Nachmittag, und seit zwei Stunden lief das Wasser wieder auf. Draußen über dem Meer jagten Möwen nach unaufmerksamen Fischen. Die Wellen brandeten mit einem dumpfen Grollen an den vorgelagerten Sandbänken, rollten weiter zum Strand und verkrochen sich dann friedlich im Ufersand. Jede Welle, und war sie draußen auf dem Meer noch so mächtig, verkroch sich am Ende ihrer Reise an Land. Die Frage war nur, wie weit sie es vor ihrem Verschwinden auf den Strand hinaufschaffte.

Für den späten Nachmittag meldete der Wetterdienst Wellenhöhen zwischen drei und vier Metern. Das war der Schwell, mit dem Paul und ich gerade noch zurechtkamen. Ab fünf Metern saßen wir lieber am Strand und schauten den anderen beim Wellenreiten zu. Denen, die es nach unserer Meinung so richtig konnten. Oder wir gingen Boule spielen.

Der Anblick, der sich vom Café auf das Meer bot, war in seiner ganzen Schönheit kaum in Worte zu fassen.

Eine lang gestreckte, malerische Bucht mit feinstem Strandsand, die an ihrem südlichen Ausgang in rund gewaschene Felsformationen aus rötlichem Granit überging. Hier und da wuchsen kräftige Strandkiefern zwischen den Felsen. Der Seewind hatte sie geformt, und sie waren weise genug, mit dem Wind zu wachsen. Draußen vor der Küste ragten einige kleine Felseninseln aus dem Wasser. Auf zwei der Inseln standen Seezeichen. Sie wiesen den Booten den Weg in die Hafeneinfahrt.

Das Café selbst lag auf einer zwei Kilometer langen Promenade, die sich direkt an den überschaubaren Hafen in nördlicher Richtung anschloss. Es war ein lokaler Hafen, genutzt von den letzten Fischern in der Region und von protzigen Sportbootbesitzern, die meistens nur am Wochenende hier auftauchten. Das Hafenbecken war von Holzstegen gesäumt, auf denen zusammengezimmerte und rot angestrichene Holzschuppen für die Gerätschaften der Fischer standen. Manch einer der Schuppen schrie nach frischer Farbe.

Hinter dem Hafen erstreckte sich, wie auf der Südseite der Bucht, eine Klippenküste aus rund gewaschenen Graniten.

Auf der Promenade reihten sich Cafés, Restaurants und kleinere Geschäfte aneinander. In diesem kleinen Universum war alles vorhanden, was Rückkehrer und Neulandentdecker für ihre Auszeit am Meer brauchten. Sogar eine kleine Kapelle gab es.

Sie lag am südlichen Ende der Promenade und war nicht nur ein Rückzugsort, sondern auch der Ausgangspunkt für einen Küstenpilgerweg, der nach vierhundert Kilometern in einer anderen Kapelle am Meer sein Ziel fand.

Vierhundert Kilometer, das ist eine lange Strecke, um über sich und sein Leben nachzudenken.

Zwei Angler standen auf den Felsen am Ausgang der Bucht und warfen ihre Köder in das schäumende Wasser der anbrandenden Wellen. Vermutlich machten sie Jagd auf Wolfsbarsche, die mit jeder Flut direkt vor die Klippen schwammen, weil dort die Jungfischschwärme Schutz suchten.

Wer hier angelte, schaute immer zuerst in den Tidenkalender. Meistens jedenfalls …

»Tom? Hey, Tom? Mensch, wo bist du immer mit deinen Gedanken?«, fragte Paul plötzlich kopfschüttelnd, während er seinen Trockenanzug umkrempelte. Er war gerade aus dem Wasser gekommen und setzte sich zu mir an den kleinen Tisch. Ich hatte ihn nicht bemerkt.

Er lehnte sein Surfbrett an eine rustikale Holzwand neben dem Café, die irgendjemand aus Treibholzbrettern zusammengezimmert hatte. Auf einem der Bretter stand in grob eingekerbten Lettern »Pirate Islant«.

Mindestens einer auf der Pirateninsel litt unter einer Rechtschreibschwäche.

Es war das zweite Mal an diesem Tag, dass Paul mich fragte, wo ich mich gerade mit meinen Gedanken herumtrieb. Das erste Mal lag eineinhalb Stunden zurück, auf unserer Morgentour zum Strand.

Ich fühlte mich in diesem Moment ertappt, denn immer öfter war ich mit meinen Gedanken nicht mehr dort, wo sich mein Leben gerade abspielte.

Genau wie in diesem Moment. Der grandiose Blick auf das Meer, die hereinrollenden Wellen, der strahlend blaue Himmel, die chillige Atmosphäre in dem Strandcafé und die schmeichelnden Temperaturen waren, nach einer kurzen anfänglichen Begeisterung, nur noch der Rahmen für meine Gedankenreisen in die Zukunft.

Ich war da und doch nicht da.

Denn anstatt den Blick auf das Meer zu genießen, die wohltuende Wärme der Sonne auf meiner Haut zu spüren und mir den Espresso schmecken zu lassen, war ich die ganze Zeit mit meinen Gedanken woanders unterwegs. Das passierte meistens unbewusst, schleichend, und ich ließ mich mit meiner Aufmerksamkeit in meine Gedankenwelten entführen wie jemand, den etwas überkam, ohne selbst dafür verantwortlich zu sein.

Ein Unglück im Glück.

Und dabei hatte ich mich das ganze Jahr auf diese Reise gefreut – auf dieses überwältigende Panorama, auf die Atmosphäre in dem Café und auf die freie Zeit, ohne Anforderungen und Erwartungen.

Was ich vergessen hatte, war, dass ich mich selbst auf diese Reise mitgenommen hatte und dass es mir schon auf früheren Reisen nicht wirklich gelungen war, entspannt Urlaub zu machen.

Schon sehr lange, vielleicht seit Jahren, liefen meine Gedanken meinem Leben immer häufiger davon, und mir ging vom Hinterherlaufen langsam die Puste aus. Mir fiel kaum mehr ein, wann ich mit meinen Gedanken wirklich über eine längere Zeit einmal dort anwesend war, wo sich mein Leben gerade abspielte. Oder besser noch: ich einmal überhaupt nicht nachdachte, sondern mein Leben einfach nur genießen konnte.

Einfach nur da sein, mit allen Sinnen. Ein Leben im Hier und Jetzt.

Das war lange her!

Auch jetzt war ich wieder ein Getriebener meiner Gedanken, so sehr, dass ich nicht mal Pauls Erscheinen wahrnahm. Ich blickte auf die hereinrollenden Wellen und dachte daran, was mich nach unserem Trip wieder in meinem Büro erwartete. Ich war selbstständig, führte eine Druckerei, ein mittelständisches Unternehmen mit fünfundsechzig Mitarbeitern, und es wäre gelogen, wenn ich behaupten würde, dass ich nicht die meiste Lebenszeit und Energie in diesem Unternehmen ließ. Und in den letzten Jahren wurde es gefühlt immer schwerer für mich, dieses Unternehmen zu führen. Der Markt, die Krisen, die wirtschaftlichen Herausforderungen – es war ein immer größer werdender Sorgenberg.

Und jetzt war es wieder da: dieses eingeschlichene Gedankenkino. Ich dachte am ersten Urlaubstag an mein Unternehmen und das an diesem wunderschönen Ort, bei traumhaftem T-Shirt-Wetter. Mein Büro lag rund zweitausendfünfhundert Kilometer entfernt …

Es gab in meinem Gedankenkino leider nicht den Hinweis: »*Ihr gedanklicher Zielort befindet sich in zweitausendfünfhundert Kilometern Entfernung. Sie brauchen auf dem kürzesten Weg dreiundzwanzig Stunden und vierzehn Minuten, um diesen realen Ort zu erreichen.*«

Meine Gedanken überbrückten die Entfernung spielend leicht in einer Nano-Sekunde!

Und als ob das nicht an sich schon reichte, um dieses Gefühl von innerer Unruhe und Kraftlosigkeit in mir zu kreieren, konnte ich gedanklich spielerisch leicht und fast unbemerkt aus meinem Unternehmen in meine Beziehung mit Susanne reisen. Wir waren jetzt seit drei Jahren ein Paar.

Auch Susanne lebte gerade in zweitausendfünfhundert Kilometern Entfernung, und für die Zeit meines Urlaubes hatten wir vereinbart, nicht miteinander zu sprechen. Jeder sollte für sich zur Ruhe kommen. Das würde uns beiden guttun.

Tja, statt die Ruhe zu suchen und zu finden, machte ich mir schon nach sechzehn Stunden und ein paar Minuten äußerem Abstand Gedanken über unsere Zukunft. Wenn es denn überhaupt noch eine Zukunft für uns gab …

Ein Fischkutter fuhr aus dem kleinen Hafen hinaus auf das Meer. Ein alter Holzkutter, wie er früher überall in den kleinen Werften an der Küste gebaut wurde.

Während der eine Fischer den Kutter sicher durch die enge Fahrrinne hinaus auf die offene See steuerte, klarte der zweite Fischer auf dem Hinterdeck die Netze auf. Die Möwen auf den Hafenmolen blieben entspannt sitzen. Kutter, die hinausfahren, haben keine Fische und keine Fischabfälle an Bord …

Ich sah den Kutter wie durch den Schleier einer leichten Betäubungsspritze. Der Kutter fuhr in der einen Welt, und in der anderen Welt war ich gedanklich von Susanne wieder im Unternehmen angekommen. Es brauchte unbedingt eine neue Vertriebsstrategie!

Mein Unternehmen, Susanne – das war eigentlich schon Gedankenkino genug, aber es war noch längst nicht alles.

Denn neben dem Büro und Susanne dachte ich oft an meinen Tod.

Auch diese Gedanken kamen oftmals ziemlich unvermittelt. Beim Laufen, beim Einschlafen oder wie jetzt beim Trinken eines Espressos in einem traumhaft gelegenen Strandcafé.

Ich hatte Angst vor dem Tod, und wenn es irgendwo in meinem Körper zwickte und zwackte, war es gedanklich gleich mein Todesurteil. Ich war so fokussiert auf körperliche Wehwehchen, dass ich gedanklich aus jedem Unwohlsein einen Riesen-Blockbuster kreieren konnte, an dessen Ende mein Untergang stand. Wenn man mich mit einer Tüte Popcorn in ein Kino gesetzt und meinen Gedankenfilm abgespielt hätte, wäre manch ein Hollywoodregisseur blass vor Neid geworden. Großes Kino war das!

Unterbewusst habe ich mir wirklich eingebildet, dass ich mit dem lieben Herrgott vielleicht doch noch einen Deal machen kann, Unsterblichkeit zu erlangen. Ob das allerdings wirklich erstrebenswert war, ließ ich in diesem Moment mal dahingestellt. Im Moment schaffte ich es nicht einmal, einen einzigen Tag in meinem Leben bewusst zu genießen und einfach nur glücklich zu sein.

Da wäre die Unsterblichkeit ja eine Qual ohne Ende.

Wobei ich die Angst vor dem Tod dann nicht haben müsste …

Arbeit, Beziehung, Tod: Wie gedanklich entrückt kann man seinem realen Leben eigentlich sein? Sehr, sehr weit!

»Mensch, Tom. Was ist los mit dir?« Paul sah mich besorgt an, als er sich zu mir an den Tisch gesetzt hatte. »Du wirkst immer öfter abgelenkt und gereizt. Passt dir irgendetwas nicht?«

Ich suchte nach den richtigen Worten. Wo sollte ich anfangen, einem meiner besten Freunde zu erzählen, was sich wirklich in mir abspielte? Und was war das überhaupt für eine Freundschaft, in der Paul bis heute nicht ahnte, wie mächtig diese Gedankenreisen für mich waren?

Das war jetzt eine völlig andere Hausnummer, als miteinander Wellen zu reiten oder Fußball zu spielen. Jetzt ging es wirklich um mich. Und mein innerlicher Druck war so groß, dass es in diesem Moment kein Halten mehr gab. Es brach aus mir heraus …

»Es wird immer schlimmer!« Verzweifelt schaute ich Paul an und fing an zu weinen.

Das letzte Mal, als er mich weinen sah, war drei Beziehungen her. Es war bei der Trennung von Frederike.

»Was wird immer schlimmer?«, fragte er mich.

»Es fällt mir zunehmend schwerer, mein Leben zu genießen und überhaupt einmal innerlich dort anzukommen, wo mein Leben gerade stattfindet. Zum Beispiel jetzt hier in diesem Café, in diesem Augenblick. Stattdessen irre ich mit meinen Gedanken umher, selbst an einem so wundervollen Ort!«

Paul bestellte einen Espresso und brauchte sichtlich einen Augenblick, um von dem unbeschwerten Surfen in den Wellen in meiner Krise anzukommen. Ich ließ ihm Zeit, und es vergingen gefühlte unendliche Minuten, bevor er mich fragend ansah.

»Woran hast du denn gedacht?«, hakte er nach.

Stimmt! Darüber hatte ich noch kein Wort verloren.

Ich erzählte ihm offen und ehrlich von meinen Gedanken an das Unternehmen und an Susanne, und am allerschwersten fiel es mir, ihm ehrlich von meiner Angst vor dem Tod zu erzählen. Aber ich ließ nichts aus.

Natürlich wusste Paul um meine berufliche Situation und um mein Beziehungschaos, aber er ahnte nicht im Geringsten, wie viel Lebenszeit und Energie ich gedanklich mit diesen Themen verbrachte. Und neu war für ihn meine Angst vor dem Tod. Dieses Thema hatte ich noch mit keinem anderen Menschen geteilt. Auch nicht mit Susanne. Wie auch, wir waren ja ständig mit uns selbst und unserem Beziehungs-Klein-Klein beschäftigt. Da war für die großen Themen des Lebens überhaupt kein Raum und keine Energie mehr! Stattdessen konnten wir ganze Wochenenden damit verbringen, uns über Wandfarben für die Zimmer im Haus, ausgetauschte Blicke mit fremden Personen auf öffentlichen

Veranstaltungen oder einem wirklich geschlechtergerechten Plan zur Aufteilung unserer Hausarbeiten zu streiten.

Während meine inneren Dämme brachen, schaute Paul mich verständnisvoll an. Er saß in der Flutwelle meines Ehrlichkeitsausbruches, und er ließ sich nicht wegspülen. Immer wieder nickte er, trank einen Schluck von seinem Milchkaffee, hörte mir aufmerksam zu und strahlte dabei eine unfassbare Ruhe und Gelassenheit aus. Aber so war er eigentlich schon immer gewesen: Paul brachte nichts aus der Ruhe. Keine schlechte Schulnote, keine 0:12-Auswärtsklatsche beim Fußball und keine Welle dieser Welt. Dass meine Einschätzung nicht stimmte, erfuhr ich ein paar Minuten später.

Paul schenkte mir jedoch gerade seine Lebenszeit, und ich nutzte diese Gelegenheit, um alles rauszuhauen, ohne Wenn und Aber.

»Du glaubst gar nicht, wie sehr ich darunter leide!«, schloss ich.

Jetzt war es raus! Ich hatte meine Verwirrung endlich in klare Worte gefasst und wunderte mich in diesem Augenblick selbst ein wenig darüber, warum mir das nicht schon viel früher gelungen war. Für einen kurzen Moment huschte ein befreites Lächeln über mein Gesicht.

Paul bestellte einen weiteren Milchkaffee, und ich blickte mich unsicher um. Ich war innerlich so aufgewühlt, dass ich mir zügig ein Wort von ihm herbeisehnte, um ein Gefühl von innerer Sicherheit zurückzugewinnen. Aber vor lauter

Unsicherheit ging ich erst einmal auf die Toilette. Als ich zurückkam, war Paul immer noch da.

»Wow! Da hast du jetzt aber mal eine Menge rausgelassen! Und ich finde es bewundernswert, mit welcher Ehrlichkeit du von dir erzählt hast!«, sagte er. »Danke dafür!

Wir sind jetzt schon so lange befreundet, und das ist doch mal eine Ansage! Und ich kann dir sagen, du bist mir mit jedem Satz, den du gesprochen hast, mehr ans Herz gewachsen.

Ist doch gut, wenn wir nicht nur die äußeren, sondern auch die inneren Wellen miteinander reiten!« Er warf mir einen liebevollen Blick zu.

»Ja, ich weiß auch nicht, warum es jetzt aus mir herausplatzt. Und warum hier? Ausgerechnet mit dir. In unserem gemeinsamen Urlaub. Ich hatte jetzt auch nicht vor, dir den Urlaub zu versauen. Wirklich nicht!«

»Darüber kannst du dir den Kopf zerbrechen, oder du kannst es sein lassen.

JETZT war einfach der richtige Moment. Und das Schöne daran ist, dass du dir vorher KEINE Gedanken darüber gemacht hast. Du hast es einfach getan.«

Ein weiterer kleiner Fischkutter verließ den Hafen. Er folgte dem Kurs des ersten Kutters und schaukelte hinaus in Richtung Fanggründe. Der Dieselmotor tuckerte dumpf vor sich hin, und die drei Männer an Bord waren eifrig am Diskutieren. Sie redeten mit Händen und Füßen und steckten Zigaretten in ihre aufgeregten Münder.

Vor dem Café paddelten zwei Wellenreiterinnen hinaus in die auflaufenden Wellen, und ich konnte fühlen, wie sich meine innere Aufgeregtheit langsam legte. Mit allem hatte ich in dieser Woche gerechnet, aber ganz bestimmt nicht mit diesem ehrlichen Gefühlsausbruch.

Paul hatte in seinem stillen Zuhören meine Geschichten längst verortet.

»Du bist die ganze Zeit mit deinen Gedanken in deiner Zukunft unterwegs. Dein Job, dein Tod, deine Beziehung – das alles findet hier gerade überhaupt nicht statt.

Hier sitzen weder dein Vertriebsteam noch Susanne und den Sensenmann sehe ich auch nicht!«, erwiderte Paul grinsend.

»Der Einzige, der hier mit dir sitzt, bin ich. Und dann schau dich doch nur um, wie schön es hier gerade ist!«

»Das ist ja das Drama! Aber tatsächlich wird mir gerade bewusst, dass sich alle Themen mit der Zukunft in meinem Leben beschäftigen.«

»Ich will dir etwas verraten!« Paul sah mich direkt an. »Ich kenne dieses Gefühl der inneren Zerrissenheit und Kraftlosigkeit, das du beschrieben hast, nur zu gut, allerdings in die andere zeitliche Richtung!«

»In die andere zeitliche Richtung? Was heißt das?«

»Du bist mit deinen Gedanken deinem Leben ständig voraus. Du bist in deiner Zukunft unterwegs, und ich habe andauernd an Erlebnisse und Ereignisse gedacht, die in meiner Vergangenheit passiert sind: an die Zeiten mit meinem lieblosen Vater, mein beschissener Motorradunfall und warum mich mein erster Chef vor zehn Jahren ohne Vorankündigung einfach vor die Tür gesetzt hat.

Und am Ende war es in meinem Leben so, wie du es gerade von dir beschrieben hast: Ich saß an einem wunderschönen Ort, um mich herum tiefster Frieden, doch ich konnte das alles überhaupt nicht wahrnehmen, weil ich gedanklich die ganze Zeit mit meinen alten Kamellen beschäftigt war. Auch mit Gedankenreisen in die Vergangenheit kann man sich selbst auf die Nüsse gehen!« Paul begann laut zu lachen und klopfte mir aufmunternd auf die Schulter.

Es dauerte einen Augenblick, bis ich mir vorstellen konnte, dass man sich auch mit alten, vergangenen Geschichten abquälen kann. Aber natürlich war das auch möglich, wie mir in diesem Augenblick klar wurde.

Wer ständig in seiner Vergangenheit herumtingelt, der verpasst auch gerade sein Leben.

Paul kramte im Rucksack nach einer Sonnencreme und kümmerte sich um seine gerötete Städternase.

»Fängt an zu brennen!«, schmunzelte er.

Ich dachte beim Betrachten seiner Nase an Hautkrebs und an den Tod. Wieder gingen meine Gedanken kurz mit mir durch, aber ich konnte sie diesmal ausbremsen, zu wichtig fühlte sich dieser Moment, in dem wir völlig offen und ehrlich miteinander sprachen.

Paul und ich waren gerade dabei, uns auf eine völlig neue Art und Weise zu verbünden. Auch wenn wir uns schon so lange kannten, wussten wir bis vor ein paar Minuten nichts von unser beider Gedankenreisen. Wir hatten sie dem anderen einfach nicht mitgeteilt. Und diese neue Verbundenheit, die hier gerade entstand, war etwas anderes, als unsere geteilte Liebesschmach aus Jugendzeiten oder unsere gemeinsamen Reiseerfahrungen der letzten Jahre.

Es war eine Herzensverbundenheit, weil wir uns gegenseitig tiefe und ehrliche Lebenseinblicke gewährten.

Paul rieb sich die Nase ein, und zwischen den Fingern quoll Sonnencreme hervor.

Mit der Menge hätte er auch seinen ganzen Körper eincremen können.

Den Rest schmierte er schließlich auf seinen Trockenanzug und in zwei Servietten. Den nächsten Milchkaffee tranken wir in einer umschmeichelnden Wolke aus Kokosduft.

»Wenn man dir zuhört, klingt es fast so, als hättest du einen Weg gefunden, dein Leben bewusster im Hier und Jetzt zu leben und nicht mehr so viel in deiner Vergangenheit unterwegs zu sein?« Ich blickte Paul fragend an. »Stimmt das?«

»Ja, das stimmt! Erinnerst du dich an unsere geplante Reise vor zwei Jahren? Damals musstest du unsere Tour aus beruflichen Gründen kurzfristig absagen, und ich war alleine unterwegs. Das war die Reise, auf der mein Leben eine kolossale Wendung nahm und auf der ich tief gefühlt begriffen habe, dass ich mit meinen Gedanken mein Leben selbstverantwortlich kreiere. Das war mir vorher alles andere als klar gewesen. Genauso wenig wie die Erkenntnis, dass sich meine innere Zerrissenheit und Kraftlosigkeit aus dieser Unbewusstheit speiste.«

»Das hast du mir nie erzählt!«

»Du hast ja auch nie erzählt, mit welcher Intensität und Wucht dich deine Zukunftsthemen umtreiben. Manche Gedanken, egal ob an die Vergangenheit oder die Zukunft gerichtet, haften dem eigenen Leben so sehr an, dass sie gefühlt Teil der eigenen Lebenswirklichkeit werden, ohne dass man sie jemals bewusst hinterfragt oder mit ihnen die eigene Unkonzentriertheit und Unzufriedenheit in Verbindung bringt.«

»Ja, so ist es wohl! Aber gehört da nicht viel dazu, sich das wirklich bewusst zu machen?« Mein Erstaunen war immer noch nicht ganz verklungen, dass Paul und ich in dieses Gespräch geraten waren.

»Ich habe tatsächlich für mich entschieden, mein Leben viel bewusster zu leben und meine Lebenszeit und meine Lebensenergie nicht in alten Geschichten aufzubrauchen. Und stattdessen mein Leben mehr und mehr dort zu leben, wo es tatsächlich gerade stattfindet: im Hier und Jetzt. Das fühlt sich befreiend und kraftvoll für mich an. Mein Leben bewegt sich nun in Echtzeit! An dem Ort und in dem Moment, wo es real gerade stattfindet!«, erzählte Paul lächelnd.

»Was ist auf der Reise passiert? Wie hast du das hinbekommen?«, fragte ich meinen Freund gebannt. Denn wie ich Paul in diesem Moment erlebte, konnte ich fühlen, dass hinter seinem gesprochenen Wort wahrhaftig ein heilsames Bewusstsein ruhte. Davon wollte ich mehr erfahren.

»Das kostet dich einen frisch gepressten Orangensaft!«, sagte Paul vergnügt.

»Zwei!«, fügte ich hinzu. »Ich nehme auch einen!« Ich ging an die Bar und bestellte die Säfte.

Über dem Meer wölbte sich jetzt ein malerischer Abendhimmel. Die Wellen schliefen mehr und mehr ein, ganz anders, als der Wetterdienst es für den Abend prognostiziert hatte. Aber das war völlig egal, denn wir waren nicht mit Wellenreiten, sondern mit uns beschäftigt.

Ich setzte mich zurück an den Tisch, und Paul begann zu erzählen.

»Am allermeisten hat mir dabei tatsächlich eine Geschichte geholfen, die mir ein Mann auf dieser Reise vor zwei Jahren erzählt hat.«

»Eine Geschichte?«

»Ja! Eine Geschichte!«

»Wow, das hört sich spannend an! Und diese Geschichte kann einen Menschen auch betreffen, wenn er wie ich mit seinen Gedanken ständig in der Zukunft unterwegs ist?«

»Ja, unbedingt!« Paul sah mich aufmunternd an.

»Ich habe große Lust, dir diese Geschichte zu erzählen, weil ich hoffe, dass sie dir genauso hilft wie mir. Das wäre einfach wunderbar! Und ich glaube, es sollte dieser Ort und dieser Urlaub sein, um diese Geschichte mit dir zu teilen!«

»Vor zwei Stunden hätte ich mir das alles nicht vorstellen können, und du glaubst gar nicht, wie gespannt ich bin, deine Geschichte zu hören. Komm, fang bitte an zu erzählen!«

»Es ist eine Geschichte von einem Kreis, drei Steinen und zwei Flaschen. Es ist eine Geschichte, in der du dein gesamtes

Leben verorten und widerspiegeln kannst – deine Vergangenheit, dein Leben in diesem Augenblick und deine Zukunft. Eine Geschichte, in der alle deine Gedanken, deine gemachten Erfahrungen und deine Ängste ihren Platz finden!

Es ist eine Geschichte über ein gelingendes Leben im Hier und Jetzt«, begann Paul zu erzählen.

»Wie hieß der Mann?«, fragte ich aufgeregt und neugierig, als ob das gerade von irgendeiner Bedeutung gewesen wäre.

»Sein Name war Daniel. Er hatte diese Geschichte selbst von einer Reise, die er auf eine Insel unternommen hatte, mitgebracht. Ein alter Mann hatte sie ihm dort erzählt, der Leif hieß. Und ich bin Daniel jeden Tag für diese Geschichte dankbar. So viel für heute.« Paul sah mich mit einem verschmitzten Lächeln an.

»Wie, das war's? Das meinst du nicht ernst, oder?«

»Doch! Der Tag war lang, und es ist eine gute Idee, dass wir morgen beim Frühstück mit frischer Tagesenergie in die Geschichte eintauchen! Du kannst mir vertrauen.«

»Das mache ich. Danke für dein Verständnis heute.«

»Von Herzen gerne.«

Ich war voller Vorfreude auf die Geschichte.

Vorfreude ist auch eine Gedankenreise in die Zukunft. Aber sie raubt einem, ganz anders als die Sorgengedanken, keine Energie. Im Gegenteil!

Das war meine zweite Erkenntnis auf dieser Reise.

Eine Stunde später lag ich müde und zufrieden im Bett. Durch das offene Fenster drangen ein friedliches Meeresrauschen und die Gesänge von einigen schlaflosen Vögeln.

Der Rückkehrer war für einen Moment tatsächlich angekommen.

Aber dann, kurz vor dem Einschlafen, tauchten Susanne und das Unternehmen wieder in meinem Kopfkino auf, aber mein müder Körper deckte die Gedanken zu.

Ruhe. Schlaft jetzt!

Die Geschichte der zwei Fischer

Vom Mittelpunkt des Lebens

Am nächsten Morgen gingen wir um acht Uhr zum Frühstück in das kleine Strandcafé.

Wir bestellten Joghurt mit frischen Früchten, Milchkaffee und die leckersten Pain au Chocolate der Welt. Es war Maria, die Inhaberin des Cafés, die unsere Bestellung an den Tisch brachte.

Wie Jean mit seinem Hotel gehörte Maria mit ihrem Café unverrückbar in unsere Rückkehrerwelt. Sie kam viele Jahre als Touristin in diesen Ort, doch irgendwann blieb sie und eröffnete das Café. Maria gehörte zu den Menschen in meinem Leben, bei denen ich noch nie schlechte Laune erlebt hatte. Selbst die nervigsten Gäste konnten ihr nicht das Lächeln aus dem Gesicht vertreiben. Das war einfach bewundernswert.

»Ich werde Tom gleich die Geschichte erzählen!« Paul sah Maria mit einem vertrauten Blick an. »Oh, wie wunderbar!«, erwiderte sie lächelnd. »Und es gibt doch keinen schöneren Ort als dieses Café, um die Geschichte zu erzählen, oder?«

»Absolut nicht!«

»Habt viel Freude dabei, und wenn ihr noch etwas brauchen solltet, sagt gerne Bescheid!«

»Sie kennt die Geschichte?« Ich blickte Paul erstaunt an. »Ja, Daniel ist ihr Freund, und ich habe ihn auf der letzten Reise hier im Café getroffen.«

»So, nun wird es aber Zeit für die Geschichte!«, ermahnte ich Paul schon etwas ungeduldig. »Unbedingt!«, stimmte er mir zu und begann zu erzählen.

Es waren einmal zwei Fischer, die mit ihrer Angel auf einem langen Riff weit in das Meer hinausgewatet waren, um Fische zu fangen.

Doch die Fische meinten es an diesem Tag nicht gut mit ihnen, und nach zwei Stunden hatten die Fischer immer noch nichts gefangen. Da entdeckte der eine der beiden auf der Wasseroberfläche eine treibende Flasche.

»Die Fische sind bestimmt da draußen unter der Flasche unterwegs!« Er zeigte auf das Treibgut.

»Mag schon sein!«, erwiderte der andere Fischer. »Aber wie weit kannst du deine Angel auswerfen?«

»Fünfundzwanzig Meter!«, antwortete der erste Fischer.

»O. K. Wir sind weit hinausgewatet, und du kannst die Angel fünfundzwanzig Meter nach vorne werfen, nach links, nach rechts, nach hinten. Du stehst in einem Kreis mit einem Radius von fünfundzwanzig Metern, und es ist der einzige Raum, in dem du Fische fangen kannst.

„Die Flasche treibt weit außerhalb deines Kreises!«, stellte der zweite Fischer nüchtern fest.

»Es ist eine gute Idee, wenn du dich auf diesen Kreis, in dessen Mitte du stehst, fokussierst! Alles andere wird dir nichts nützen.

Alle Fische, die du jemals gefangen hast, hast du in deinem Kreis gefangen, und alle Fische, die du jemals fangen wirst, wirst du in diesem Kreis fangen. Alles andere ist außerhalb deiner Reichweite.

Du kannst dich also ganz beruhigt auf den Raum, der dir wirklich gerade zur Verfügung steht, konzentrieren, sonst wirst du keinen Fisch erwischen.

Im Gegenteil, wenn du mit deinen Gedanken unter der Flasche unterwegs bist, verpasst du die Fische, die gerade durch deinen Kreis schwimmen, weil du mit deinen Gedanken und deinem Fokus in einem Raum unterwegs bist, auf den du im Moment keinerlei Zugriff hast! Also: Wenn du Fische fangen willst, konzentriere dich auf deinen Kreis!«

Paul konnte die Geschichte so lebendig erzählen, dass ich fast ein wenig Mitleid mit dem ersten Fischer bekam und mir beim Erzählen überlegte, wie er aus seinem Kreis entkommen konnte. Aber es war tatsächlich unmöglich! Egal, wohin er auch watete, er blieb immer der Mittelpunkt seines Kreises.

Paul machte eine kurze Pause, dann fuhr er mit seiner Erzählung fort.

Die beiden Männer standen im Meer, und dann kamen sie über diesen Kreis und die Flasche immer tiefer miteinander ins Gespräch und entdeckten schließlich hinter diesem einfachen Bild eine tiefgründigere Deutung.

Sie kamen in das Philosophieren darüber, was es bedeutet, sein Leben bewusst im Hier und Jetzt zu leben und nicht gedanklich in der eigenen Vergangenheit oder der eigenen Zukunft unterwegs zu sein.

Paul sah mich an. »Diese Geschichte, so kurz sie ist, lädt uns ein, in ihr unser gesamtes Leben zu verorten und zu spiegeln!«

»Damit das ganz einfach und eindringlich gelingt, werde ich diese Geschichte in ihrer Symbolik etwas weiter fassen, genauso wie Daniel es vor zwei Jahren für mich gemacht hat und mir so das Tor zurück in das Hier und Jetzt eröffnete.

Und für diese Fassung brauchen wir jetzt einen Kreis, drei Steine und zwei Flaschen.«

»Einen Kreis, drei Steine und zwei Flaschen?«, wiederholte ich, um wirklich sicherzugehen, Paul richtig verstanden zu haben.

»Ja, genau!«

Das klang alles so spannend! In der Geschichte der Fischer gab es nur einen Kreis und eine Flasche. Steine kamen darin gar nicht vor. Und was diese Geschichte mit unserem Gespräch von gestern zu tun hatte, konnte ich nicht nur in Ansätzen erahnen.

»Ich gehe an die Bar und besorge zwei Flaschen!«, sagte ich spontan und machte mich auf den Weg.

»Sehr schön!«, rief Paul mir hinterher. »Und ich gehe hinunter zum Strand und suche drei Steine. Den Kreis können wir in den Sand zeichnen!«, beantwortete er auch gleich die Frage, wo denn der Kreis herkommen sollte.

Als Maria mir an der Bar zwei Flaschen reichte, sah sie mich mit einem liebevollen Blick an. »Nimm die beiden! Die waren schon das ein oder andere Mal beim Deuten der Geschichte dabei. Die wissen, worum es geht!«, sagte sie schmunzelnd. »Und am Ende nehme ich sie gerne wieder zurück. Wir werden sie hier bestimmt noch öfter brauchen!«

»Ist schon ein bisschen schräg!«, entgegnete ich, nahm die Flaschen dankbar entgegen und machte mich auf den Weg an den Strand.

Paul saß an einem geschützten Platz in der Nähe der Klippen.

»Bist du bereit?«, fragte er mich, als ich mich zu ihm gesetzt hatte.

»Aber so was von!« Was immer jetzt kommen würde – ich war voller Vorfreude.

Paul zeichnete mit seinem Finger einen Kreis in den Sand. Dann legte er die drei Steine in die Mitte des Kreises. »Die Flaschen tauchen erst später auf!« Er griff nach den zwei Flaschen und legte sie beiseite.

Wir schauten einen Augenblick lang schweigend auf das Bild.

Ich erinnerte mich an den Fischer in seinem Kreis und an die eine Flasche, die außerhalb seines Kreises trieb. Paul holte mich aus den Gedanken und zeigte auf den Kreis.

»Das ist der Kreis aus der Geschichte. Stell dir einfach vor, er symbolisiert das Hier und Jetzt, den Ort, an dem sich dein Leben in diesem Augenblick ganz real abspielt. Also für uns beide, in diesem Augenblick, gerade hier an diesem Strand.« Paul blickte sich in aller Ruhe um.

Auch ich ließ meinen Blick kurz schweifen. Ich sah auf das Meer mit seinen wunderbaren Wellen. Zwei Surfer lagen bäuchlings auf ihren Brettern und warteten auf die perfekte Welle. Am Strand war eine alte Frau unterwegs. Den Körper leicht nach vorn gebeugt, die Augen nach unten gerichtet, sammelte sie im Spülsaum frisch angespülte Muschelschalen.

Dann fiel mein Blick auf das kleine Strandcafé und die Menschen an den bunten Tischen. Viele von ihnen hatten ihr Gesicht der Sonne zugewandt und waren offensichtlich dabei, das schöne Wetter zu genießen. Am Ende schweifte mein Blick noch kurz über den Holzzaun mit dem Piratenbrett, vor dem ein Kinderwagen stand, aus dem mir ein zerzauster Teddybär mit abgekauten Ohren einen freundlichen Blick zuwarf.

So sah es an dem Ort aus, an dem mein Leben gerade stattfand. Und über allem thronte ein wolkenloser, strahlend blauer Himmel. Heile Welt.

»Schön im Hier und Jetzt, oder?« Paul sah mich grinsend an und zeigte dann auf den ersten der drei Steine in der Mitte des Kreises.

Stein *Körper*

»Dieser Stein symbolisiert deinen Körper. Wenn du dich nun fragst, wo sich dein Leben gerade abspielt, wo das Hier und Jetzt für dich im Moment ist, musst du dir nur einen Augenblick bewusst machen, wo sich dein Körper befindet. Dort, wo du gerade gehst, liegst, atmest, stehst, redest, singst, läufst und dich bewegst, ist in deinem Leben das Hier und Jetzt.

Dein Körper ist immer da, wo dein Leben gerade stattfindet. Und nicht nur das: Dein Körper war immer im Hier und Jetzt, er ist immer im Hier und Jetzt und er wird immer im Hier und Jetzt sein.

Dein Körper ist, um es im Bild der Geschichte der zwei Fischer zu sagen, zu jedem Zeitpunkt deines Lebens *Mitte Kreis!*«

Paul zeigte noch einmal kurz auf den ersten Stein, und so einfach und selbstverständlich dieser erste Hinweis war, so war er mir bisher niemals wirklich bewusst gewesen. Mein Körper war zwar irgendwie da, und wenn es irgendwo zwackte, dachte ich oftmals direkt an meinen Tod, aber ehrlicherweise funktionierte mein Körper bis auf ein, zwei Migräneanfälle im Monat tadellos. Und auch bei meinen

Rückenschmerzen ließ ich in diesem Moment der Betrachtung Milde walten. Alles war nicht wirklich schlimm. Ich hatte nun die Bedeutung des ersten Steines verinnerlicht. Mein Körper war *immer* im Hier und Jetzt.

Paul zeigte auf den zweiten Stein im Kreis.

Stein *Herz*

»Der zweite Stein symbolisiert unser Herz mit seinem spirituellen Wissen.«

»Unser Herz mit seinem spirituellen Wissen?«, fragte ich nach. Ich konnte mir im Gegensatz zum ersten Stein nicht gleich etwas darunter vorstellen und verspürte ein wenig Angst, die Geschichte vielleicht nicht vollständig zu verstehen.

Und das wollte ich auf gar keinen Fall! Schon gar nicht nach unserem gestrigen Gespräch in dem Café. Ich wollte in meinem Leben unbedingt etwas verändern.

Paul sah mich liebevoll an. »Ja, ich weiß. Das klingt am Anfang etwas befremdlich. Das ging mir an dieser Stelle der Geschichte genauso. Aber die Symbolik und Bedeutung des Steines wird sich dir im Laufe der Geschichte mehr und mehr erschließen. Keine Angst!

Zu Beginn vielleicht so viel: In deinem Herzen ruht die heilsamste und kraftvollste Medizin in deinem Leben: die Liebe. Und diese Liebe kannst du auf ganz unterschiedliche Lebensweisen von innen nach außen kehren: mit deiner Hingabe an das Leben, mit deinem Vertrauen, mit deinem Mut, mit deiner Empathie, mit deiner Bereitschaft zur Vergebung, mit deiner Kraft zur Versöhnung, mit gefühlter Dankbarkeit, mit deiner Achtsamkeit. Und es gibt noch viele weitere Lebenshaltungen, die ein gelebter Ausdruck von Liebe sein können.

Und jetzt kommt die wichtigste Botschaft im Rahmen dieser Geschichte: Dein Herz mit seiner Liebe ist, wie dein Körper, immer in der Gegenwärtigkeit deines Seins.

Dein Herz ist immer im Hier und Jetzt. Es war immer im Hier und Jetzt, und es wird immer im Hier und Jetzt sein. Dein Herz ist, wie dein Körper, immer *Mitte Kreis.*

Und ich werde dir im Verlaufe der Geschichte an einigen Beispielen erklären, welche Wirkung diese Medizin der Liebe, wie ich sie nenne, im echten Leben haben kann.«

»Ja, für diese Beispiele wäre ich dir sehr dankbar!« Meine Angst, etwas nicht zu verstehen, war immer noch nicht gewichen.

»Die Beispiele werden deine Unsicherheit an dieser Stelle wegwischen. Da spreche ich aus Erfahrung!« Aufmunternd blickte Paul mich an.

»Aber lass uns zunächst mit dem dritten Stein fortfahren. Der dritte Stein symbolisiert deinen Verstand mit seinen Gedanken.

Stein *Verstand* und *Gedanken*

Und die besten und glücklichsten Momente in deinem Leben, in denen Raum und Zeit miteinander verschmolzen und du einfach nur unfassbar glücklich und beseelt warst, waren die Momente, in denen dein Verstand mit seinen Gedanken auch in der Mitte des Kreises war. Das sind die Momente gewesen, in denen du mit deinen Gedanken deinem Leben nicht davongelaufen bist.«

»Gib mir mal ein Beispiel!« Ich ahnte, um was es ging, brauchte aber in diesem Moment eine Bestätigung meiner Vermutung.

»Nun, zum Beispiel, wenn du über beide Ohren verliebt bist und mit deinem Lieblingsmenschen gerade Zeit verbringst. Dann bist du mit deinem Körper, mit deinem Herzen und deinen Gedanken ganz da. Du bist so voller Liebesenergie, dass du nicht mal im Ansatz auf andere Gedanken kommst. Und so ist es oftmals auch, wenn du etwas leidenschaftlich gerne tust. Dann kann es dir passieren, dass du erlebst, wie unbemerkt Zeit und Raum miteinander verschmelzen und du vollständig in deiner Glückseligkeit aufgehst.

Das kann beim Surfen sein, beim Kochen, beim Schreiben,

beim Meditieren, beim Musikmachen, beim Sport, je nachdem, was eine wirkliche Herzenssache für dich ist.

In solchen Lebensmomenten bist du körperlich, emotional und gedanklich voll gegenwärtig. Alles ist eins.

Es sind die Momente, in denen du erfährst, was es heißt, dein Leben im Hier und Jetzt zu leben. Und am Ende deiner Lebensreise werden es diese Momente sein, an die du dich am liebsten zurückerinnerst!«

Ich wusste in diesem Moment genau, welche Lebensmomente Paul beschrieb und welche nicht. Und was mich in diesem Augenblick rührte, war die Erkenntnis, dass es eine Menge dieser Momente in meinem Leben gab, die ich mit Paul teilte. Vielleicht war das eines der Geheimnisse von echter Freundschaft.

Ich fragte noch einmal nach, um das Bild wirklich zu begreifen: »Du meinst also, wenn ich hier mit dir sitze, während du mir diese Geschichte erzählst und ich dabei an meinen Job denke und an das, was nach der Reise auf mich zukommt, kann sich dieses Gefühl bei mir nicht einstellen?«

»Ganz genau! Wie auch? Du sitzt dann hier, hörst das alles, aber es kann nicht wirklich bei dir ankommen, weil du im Wortsinne *unkonzentriert* bist. Oder, um es im Bild der Geschichte zu sagen: Du bist nicht in deiner Mitte. Dein Körper sitzt hier, dein Herz jubelt über die Geschichte, aber dein Verstand mit seinen Gedanken ist zur selben Zeit im Büro unterwegs. Es ist der Lebenszustand, den du gestern gespürt und mit mir geteilt hast. Und von dem du ganz genau weißt, wie innerlich zerreissend und kräftezehrend er sich anfühlt. Und da kommen wir zu den beiden Flaschen. Aber vielleicht machen wir an dieser Stelle erst einmal eine Pause, oder?«

»Ja, das ist eine gute Idee! Ist dir eigentlich bewusst, dass wir viele dieser wunderbaren Erinnerungsmomente miteinander teilen?« Ich sah Paul an.

»Ja, das ist mir vor zwei Jahren klar geworden, als ich mit Daniel über die Geschichte gesprochen habe. Und wir werden noch eine Menge an guten Erlebnissen dazupacken! Da bin ich mir sicher!«

Kräftige Wellen schoben sich auf den flachen Sandstrand. Der Seewind hatte am Vormittag zugenommen und mit ihm die Wellenhöhen. Noch würden die Wellen es gut mit unseren beschränkten Fähigkeiten meinen, und so beschlossen wir, unsere Boards zu holen und hinaus ins Meer zu paddeln.

Wir ließen den Kreis, die Steine und die Flaschen am Strand zurück und würden nach unserem Ausflug ins Wasser zu ihnen zurückkehren. Es waren kurze Wege vom Strand zum Hotel und wieder zurück an den Strand. Kurze Zeit später paddelten wir hinaus in das brausende Meer. Paul war mir einige Schläge voraus. Mein untrainierter und ungelenker Bürokörper wurde in dieser rauen Wasserwelt vor echte Herausforderungen gestellt. Und bevor ich überhaupt die erste Welle ritt, hatte ich unzählige Male Salzwasser geschluckt.

Was für ein Angang!

Wir tobten uns in den Wassermassen aus, und irgendwann stand ich tatsächlich auf dem Brett und surfte wackelig ein paar Meter Richtung Strand. Nur ein paar Meter, die sich auf meinem Motivationskonto aber kräftig niederschlugen.

Und wenn ich mich gestern kaum daran erinnern konnte, wann ich mit meinen Gedanken wirklich einmal dort war, wo sich mein Leben gerade abspielte, bekam ich das tatsächlich in diesem Augenblick hin. Auf jedem Fall in rauem, bewegtem Wasser, in dem sich die Wellenkämme schnell hintereinander aufschaukelten. So wie heute. Da gab es für mich einfach keine Zeit zum Nachdenken.

Anders war das an Tagen, an denen zwischen den einzelnen Wellen größere Zeitabstände lagen. Dann dachte ich draußen im Meer manchmal über meine Beerdigung nach oder tauchte in das nächste mögliche Streitgespräch mit Susanne ab. Von der Firma mal ganz zu schweigen …

Für Leute wie mich war die raue See ein Segen!

Als ich schließlich eine gefühlte Ewigkeit später mit meiner letzten Welle im knietiefen Wasser strandete, blieb ich noch einen Augenblick auf dem Brett liegen. Mein Blick fiel auf das kleine Strandcafé, und erst jetzt fiel mir die Geschichte wieder ein.

Kurze Zeit später landete auch Paul neben mir. Wir trugen unsere Boards den Strand hinauf und lehnten sie an die Bretterwand. Der Kinderwagen war mittlerweile verschwunden. Ich ging an die Bar im Café und besorgte uns zwei frisch gepresste Orangensäfte.

»Ich glaube, ich muss da gleich noch mal raus!«, sagte Paul begeistert, als ich ihm ein Glas reichte. »Es macht einfach zu viel Spaß in diesen großen Wellen. Ist es in Ordnung, wenn wir morgen in der Geschichte weiterreisen?«

»Natürlich ist das völlig in Ordnung! Ich bin dir einfach dankbar, dass du die Geschichte überhaupt mit mir teilst!«

»Willst du noch mal mit ins Wasser?«

»Nein, für meine Büroknochen war das erst mal genug!«, erwiderte ich lächelnd. »Ich gehe lieber Treibholz sammeln. Wir sehen uns später!«

Am Nachmittag trennten sich unsere Wege.

Paul schnappte sich sein Brett und verschwand in den wilden Wellen. Ich ging zum Strand, sammelte die drei Steine und die zwei Flaschen ein und verstaute sie in meinen Rucksack. Ich wollte Maria die Flaschen wohlbehalten zurückgeben. Aber erst einmal mussten sie ja überhaupt in der Geschichte auftauchen …

Ich ging bis zum Ausgang der Bucht und kletterte in die Klippen. Mein Ziel war die sich anschließende Sandbucht in südlicher Richtung.

Als Rückkehrer wusste ich, dass die Wellen und die Strömung hier besonders viel Treibholz stranden ließen. In den Jahren zuvor hatte ich hier viele besonders geformte Holzstücke gefunden. Rund gewaschen und gebleicht vom Salzwasser. Diese Hölzer waren voller guter Energie, und man konnte sie in keinem Holzhandel auf diesem Planeten kaufen. Man musste sie selber suchen und finden.

Zu Hause verbanden mich meine Fundstücke mit dem Meer und mit diesem Ort. Für einen Rückkehrer wie mich waren diese gestrandeten Hölzer unersetzliche Schätze.

In den Klippen standen die beiden Angler vom gestrigen Tag. Ich schaute den beiden eine Zeit lang interessiert zu. Ich wollte etwas mitnehmen von ihrem Wissen, wie man hier einen Wolfsbarsch mit der Angel fing. Die Küste war nicht nur ein erstklassiges Revier zum Wellenreiten, sie war auch bekannt für ihre hervorragenden Wolfsbarschfänge.

Robalo hießen sie in der Landessprache, und wer einmal einen frisch gegrillten *Robalo* in einem der kleinen Fischrestaurants gegessen hatte, der wusste für immer, wie gut ein frisch gefangener Fisch schmecken konnte.

Auch ich plante, auf dieser Reise einen Wolfsbarsch mit der Angel zu fangen, und hatte Thomas, dem Koch des kleinen Hotels, schon am Anreisetag die Zusicherung abgerungen, dass er meinen Fang frisch auf dem Holzkohlengrill des Hotels zubereiten würde.

In meinem Koffer wartete eine Reiseangel auf ihren Einsatz.

Paul hatte, nachdem wir es wiederholt nicht geschafft hatten, dem Dorfteich neben dem Fußballplatz ein paar Rotfedern zu entlocken, den Glauben in unsere Angelkünste längst verloren. Er ging lieber Wellenreiten.

Als ich schließlich in der Bucht ankam, schweifte mein Blick über den breiten Spülsaum, der sich durch die gesamte Bucht zog und in dem sich alles verfangen hatte, was das Meer zuerst verschluckt und dann wieder hergegeben hatte: Treibholz, Plastik, Muscheln, Krebspanzer, Tang, Gräten und Mengen an Seegras.

Als ich das zusammengeschwemmte Strandgut untersuchte, fingen meine Gedanken an, meinem Leben wieder klammheimlich und hartnäckig davonzulaufen.

Ich dachte an das erste Gespräch mit meinen Mitarbeiterinnen und Mitarbeitern nach meiner Rückkehr aus dem Urlaub.

Ich war am Strand und im Büro.

Als das Licht über dem Meer zu schwinden begann, trafen Paul und ich uns in dem kleinen Strandcafé wieder. In meinem Rucksack befanden sich jetzt nicht nur die Steine und die Flaschen, sondern auch drei sehr schöne Treibhölzer, die ich trotz meiner Gedankenirrfahrt gefunden hatte.

Wir saßen in dem Café, blickten hinaus auf das Meer und bewunderten einen traumhaften Sonnenuntergang. Ich erzählte Paul vom Treibholzsammeln, und Paul erzählte mir vom Surfen.

Seine Geschichte war *Mitte Kreis*, meine hingegen war es nicht …

Eine Stunde später lag ich erschöpft im Bett. Wie am Vorabend drangen ein friedliches Meeresrauschen und der Gesang der schlaflosen Vögel durch das Fenster.

In meinem Kopf schwirrten die Gedanken hin und her.

Meeting im Büro, Ausblicke auf das Meer, Langzeit-EKG bei meinem Hausarzt, drei Steine im Ufersand, Surfen in rauen Wellen, Susanne und ich am Küchentisch, wieder das erste Gruppenmeeting im Büro, Paul und ich im Strandcafé, Sonnencreme und Hautkrebs, Orangensaft in zwei Gläsern, Treibhölzer, der Kinderwagen vor der Bretterwand …

Doch irgendwann schlief ich ein. Was für ein Wunder!

Loslassen, um anzukommen

Alles, was bis vor einer Sekunde in deinem Leben passiert ist, ist vorbei. Es ist vorbei!

Am nächsten Tag waren Paul und ich schon früh morgens wieder in den Wellen unterwegs. Ich paddelte mir den Muskelkater vom Vortag aus Armen und Beinen, motiviert bis in die Haarspitzen, heute länger auf dem Brett zu stehen, als bei meinem gestrigen Erfolgsritt.

Die Wellen verlangten mir alles ab. Und wieder gelang es mir für die Zeit des Wellenreitens, alle Gedanken, die nichts mit dem Wellenreiten zu tun hatten, völlig abzuschalten.

Ich war konzentriert. Für abschweifende Gedanken war kein Platz.

Nach dem Wellenreiten und einem liebevoll zubereiteten Frühstück im Café saßen wir am späten Vormittag endlich wieder am Strand. Es war Zeit, in der Geschichte weiterzureisen.

Paul zeichnete einen Kreis in den Sand, und ich reichte ihm die drei Steine aus dem Rucksack. Er legte die Steine wieder in den Kreis und sah mich fragend an. »Hast du auch die Flaschen dabei?«

»Klar!« Ich griff in meinen Rucksack und reichte ihm die zwei Flaschen. Die eine platzierte er links außerhalb des Kreises und die andere rechts außerhalb des Kreises. Das gestrige Bild war jetzt um die zwei Flaschen ergänzt.

Ich war so gespannt, wie die Geschichte weiterging!

»Diese Flasche symbolisiert deine Vergangenheit.« Paul zeigte auf die rechte Flasche. »Und die andere Flasche symbolisiert deine Zukunft.« Er tippte kurz an die linke Flasche.

»Wie du auf den ersten Blick siehst, sind beide Flaschen nicht Teil deines gegenwärtigen Lebens, das immer im Kreis, immer im Hier und Jetzt, stattfindet. Die eine Lebenszeit ist unwiederbringlich vergangen, und die andere ist nichts anderes als deine Gedankenprojektion auf einen Raum, den du nie im Leben real betreten wirst. Denn wenn du da bist, wirst du im Hier und Jetzt sein!«, beschrieb Paul die Bedeutung der zwei Flaschen.

Dann kam er wieder auf die drei Steine im Kreis zu sprechen. »Dein Körper ist Zeit deines Lebens immer im Hier und Jetzt verhaftet. Er kann nicht in die Vergangenheit reisen und nicht in die Zukunft.

Dein Herz mit seiner Liebe, die spirituelle Essenz deines Seins, ist immer gegenwärtig, immer im Hier und Jetzt. Aber deine Gedanken können auf der Zeitlinie deines Lebens unentwegt unterwegs sein. In Sekundenbruchteilen kannst du in deine Vergangenheit zurückreisen oder in deine Zukunft vorausreisen. Oder du kannst mit deinen Gedanken tatsächlich dort sein, wo sich dein Leben gerade abspielt, im Hier und Jetzt.«

Während Paul erzählte, kamen mir meine Gedanken vor dem Einschlafen am gestrigen Abend in den Sinn.

Meeting im Büro, Ausblicke auf das Meer, Langzeit-EKG bei meinem Hausarzt, drei Steine im Strandsand, Surfen in rauen Wellen, Susanne und ich am Küchentisch, wieder das erste Gruppenmeeting im Büro, Paul und ich im Strandcafé, Sonnencreme und Hautkrebs, Orangensaft in zwei Gläsern, Treibhölzer, der Kinderwagen vor der Bretterwand …

Ich wusste in diesem Moment genau, was Paul beschrieb!

»Und jetzt kommt's!« Paul blickte mich an wie ein Zauberer, der gleich ein Kaninchen aus dem Sand zaubern würde. Er nahm den Stein aus der Mitte des Kreises, der den Verstand und seine Gedanken symbolisierte, und legte ihn an die Flasche der Vergangenheit.

Ich konnte von der einen auf die andere Sekunde fühlen, wie sich die Energie des Bildes schlagartig veränderte.

Wir saßen eine Zeit lang schweigend da und ließen dieses neue Bild auf uns wirken. Dann nahm Paul mich mit in sein vergangenes Leben.

»Dieses Bild beschreibt, wie es in weiten Teilen meines Lebens bis vor zwei Jahren aussah«, begann er und schaute mich an. »Ich war mit meinen Gedanken ständig in meiner Vergangenheit unterwegs. Und du siehst auf den ersten Blick, was dann passiert: Ich habe mich aus meiner eigenen Mitte genommen.

Ich war ständig unkonzentriert! Das war mir bis zu dem Treffen mit Daniel überhaupt nicht bewusst. Ich habe mich zunehmend kraftlos gefühlt, hatte immer weniger Freude am Leben, aber das in einen Zusammenhang mit meiner Vergangenheit und meiner Beschäftigung mit ihr zu bringen, kam mir überhaupt nicht in den Sinn.«

»Meine Güte, ist das spannend!«, warf ich kurz ein.

»Na ja, spannend war die Erkenntnis für mich nicht gerade, sie fühlte sich zunächst ziemlich bitter an! Auch deshalb, weil Daniel dem Bild natürlich eine tiefere Deutung gab. Unter der Flasche der Vergangenheit liegen einerseits unsere schönen Erinnerungen, aber dort befinden sich auch unsere psychischen Narben und Verwundungen. Die schönen Erinnerungen rauben uns keine Energie, weil sie uns ein Lächeln ins Gesicht und ins Herz zaubern. Im Gegenteil, diese Erinnerungen sind energiespendend.«

»Du meinst das Aufmotzen der Bonanza-Räder oder unser Angeln im Dorfteich?«, hakte ich kurz nach.

»Ja, und das Höhlenbauen in den Knicks oder das Nach-Hause-Kommen nach Sonnenuntergang, obwohl wir vor Sonnenuntergang zu Hause sein sollten«, fügte Paul schmunzelnd hinzu.

»Und unsere grandiosen Auswärtsspiele gegen die Doofmänner aus der Stadt!«, fiel mir auch unsere gemeinsame Zeit des Fußballspielens ein.

»Ja, die gehören auch dazu!«, bestätigte Paul lächelnd. »Was ich aber meine, ist das Festhalten an alten Geschichten, die dir Schmerzen und Wunden zugefügt haben. In meinem Fall war das die Beziehung zu meinem Vater. Ich war bis zu dem Treffen mit Daniel jeden Tag traurig darüber, dass mir mein Vater zu seinen Lebzeiten nicht ein einziges Mal sagen konnte: *›Ich liebe dich, mein Sohn!‹ ›Du bist großartig!‹ ›Ich bin stolz, dein Vater zu sein!‹*

Und nach seinem Tod habe ich nicht aufgehört, darüber traurig zu sein. Immer wieder bin ich in dieses Bedürfnis nach Anerkennung und Vaterliebe abgetaucht. Ich bin mit meinen Gedanken ständig in meine Vater-Sohn-Beziehung gereist, selbst dann noch, als mein Vater schon längst nicht mehr lebte. Dazu kam, dass mein Vater ein sehr bestimmendes Wesen hatte. Er wusste immer genau, was für mich richtig und was falsch war in meinem Leben, und es kam oft vor, dass er mich bevormundete. Wenn ich mich seinem Willen widersetzte oder eine andere Meinung hatte, kam es häufig zum Streit und er wurde verbal ausfällig. Er ließ mich spüren, wie sehr er mich für den Widerspruch verachtete! Und dabei wollte und brauchte ich nur seine Liebe!«

»Und deshalb hast du gesagt, dass unter der Flasche der Vergangenheit deine Verwundungen liegen?«, fragte ich und schaute gerührt auf das Bild im Sand.

»Ja, genau, denn das alles hatte ja überhaupt nichts mit meinem gegenwärtigen Leben zu tun. Mein Vater war längst tot, und ich habe mit meinen Gedanken diese Verwundungen immer wieder hochgekocht und zum Eitern gebracht. Und so haben Frustration und Verbitterung in meinem Leben überhand genommen. Dabei war das alles längst vorbei! Und statt mein Leben zu genießen und in meiner Mitte zu sein, trieb ich mich in den alten Erwartungen und Leidensgeschichten herum. Und dann passierte mir etwas Ähnliches wie dir gestern: Obwohl ich bei traumhaftem Wetter an einem wunderschönen Strand saß, war ich immer noch traurig darüber, dass mein Vater mir nicht ein einziges Mal sagen konnte: ›*Ich liebe dich, mein Sohn*‹!

Und am Ende war ich dabei, mein eigenes Leben mehr und mehr zu verpassen, weil ich mit meinen alten Geschichten beschäftigt war.

Und ICH habe diese Geschichten am Leben erhalten. Niemand sonst!«

Der Blick auf den Kreis, die drei Steine und die zwei Flaschen im Sand war ein Blick in Pauls Lebensgeschichte, und das Bild auf dem Strand spiegelte auf einfachste Weise seine innere Zerrissenheit in seinem früheren Leben wider.

»Das ist ein ganz schöner Packen!«, musste ich kurz durchpusten. »Denn das eine ist wahrzunehmen, dass man mit seinen Gedanken diese Wunden immer wieder aufreißt. Das andere ist aber, aus dieser Erkenntnis ein neues Bewusstsein und Heilung zu erschaffen.«

»Deine Geschichte rührt mich wirklich an!«, gestand ich und sah Paul an. »Ich habe von deiner inneren Traurigkeit und den Schmerzen nie etwas mitbekommen. Nicht beim Fußballspielen, nicht beim Surfen, niemals.«

»Du hast davon nichts mitbekommen, weil ich sie nicht mit dir geteilt habe. Es ist manchmal sehr schwer, von außen wahrzunehmen, was in einem Menschen vor sich geht und wie er mit seinen alten Schmerzen und Wunden hadert. Ich habe ja selbst nicht richtig begriffen, was da innerlich in mir abgeht, bis mir die Geschichte mit dem Kreis, den drei Steinen und den zwei Flaschen die Augen geöffnet hat. *Bewusstsein* und *Heilung* sind da wirklich die richtigen Stichworte!«, nahm Paul meinen Satz auf. »Ich habe dir ja zu Beginn der Geschichte erzählt, dass der zweite Stein für dein Herz mit seinem spirituellen Wissen steht. Für die Liebe. Und jetzt kann ich dir an meiner Geschichte die Medizin dieses Steines näherbringen.«

Paul zeigte auf den roten Stein in der Mitte des Kreises, der das Herz symbolisierte. »Was ich dir jetzt erzähle, hat mir Daniel vor zwei Jahren gesagt und gespiegelt. Er hat mich durch die Geschichte an seinem Bewusstsein teilhaben lassen, und es war für mich der Anfang einer neuen Reise.

Es war der Beginn meiner Heilung. Meine Wunden durften endlich aufhören zu eitern.

Wir saßen damals vor demselben Bild, als er sagte: ›Dein Herz geht den Weg unter die Flasche der Vergangenheit in deine Verwundungen und in deine Verbitterung nicht mit. Es trägt eine andere liebevolle Medizin in sich: Versöhnung und Friedensschluss! Dein Herz mit seiner Liebe lädt dich um deiner selbst willen ein, mit deiner Vergangenheit Frieden zu schließen.

Alles, was bis vor einer Sekunde in deinem Leben passiert ist, ist vorbei.

Es ist vorbei!

Punkt!

Und es ist deine Entscheidung, die eigenen Wunden immer wieder aufzureißen und an ihnen festzuhalten oder dich endlich deinem Leben wieder liebevoll zuzuwenden.

Dein Herz flüstert dir zu: *Komm endlich nach Hause, komm zurück in deine Mitte!*

Komm endlich wieder in deinem eigenen Leben an! Versöhne dich mit deinem Vater. Sag dir, dass er nur das getan hat, wozu er in der Lage war, sonst hätte er es anders gemacht. Er war sel-

ber ein Sohn, der vielleicht sein Leben lang auf die Zuwendung und die Liebe seines Vaters gewartet hat. Er war selber damit beschäftigt, seine eigenen psychischen Verwundungen zu tragen und zu nähren. Er konnte nie lernen, wie ein Vater zu lieben. Und so hat er es auf seine ganz eigene Art und Weise getan. Seine Übergriffigkeit war gespeist von seiner Angst um dich.

Das war seine Art zu lieben. Eine andere kannte er nicht.

Schließ endlich Frieden mit ihm um deiner selbst willen, denn der Friedensschluss mit deinem Vater ist ein JA zu dir selbst. Er öffnet dir wieder das Tor zurück in deine Mitte!

Es ist ein JA zu DEINEM Leben! Es gibt keinen anderen Weg der Heilung, weil Heilung immer heißt, der Liebe im eigenen Leben wieder zu vertrauen.

Das ist das Wissen, das der Herzstein in sich trägt.

Es ist die Liebe. Die pure Liebe!

Und als ich mich entschieden habe, auf mein Herz zu hören, ist Folgendes in meinem Leben passiert …« Paul nahm den Gedankenstein und legte ihn in die Mitte des Kreises zurück.

»So sieht innerer und äußerer Frieden aus!«, kommentierte mein Freund mit einem zufriedenen Lächeln. »Und anders geht es nicht, denn dein Herz geht den Weg unter die Flasche der Vergangenheit nicht mit!« Paul betonte noch einmal, dass das eigene Herz nur in der Gegenwärtigkeit des eigenen Lebens wirkt.

»Ein beeindruckendes Bild! Ich konnte sofort fühlen, wie eine Harmonie zurückgekehrt ist, als du den Stein wieder zu den anderen in die Mitte gelegt hast«, bemerkte ich. Und doch trieb mich gleich eine Frage um: »Wie hast du diesen Friedensschluss mit deinem Vater hinbekommen?« Ich fand das Bild zwar sehr eindrücklich, aber es ging schließlich um ganz tiefe, schmerzhafte Erfahrungen.

»Am Anfang dieser neuen Reise stand tatsächlich die ehrliche Selbstwahrnehmung, dass meine innere Leere und meine Kraftlosigkeit mit meiner unbewussten Entscheidung zusammenhingen, immer wieder gedanklich in meine alten Wunden und Verletzungen zu reisen und sie so am Eitern zu halten. Und nicht nur das: Mit dieser unbewussten Entscheidung zog ich tagtäglich diese schwere Energie in mein gegenwärtiges Leben. Und am Ende erlebte ich das, was du gestern beschrieben hast: Ich lebte mein gegenwärtiges Leben und war gleichzeitig in meinem alten Leben unterwegs.

Als Daniel mir die Geschichte erzählte und meine Geschichte darin spiegelte, konnte ich dieses einfache Bild mit meinem Verstand greifen. Ich konnte verstehen, dass nicht mein Vater, der liebe Gott oder sonst wer für meine Bitterkeit und Kraftlosigkeit verantwortlich war, sondern dass ich mir mit meiner Entscheidung, gedanklich an den alten Wunden festzuhalten, diese Kraftlosigkeit selbst kreierte.

Es war der Moment, in dem ich einen Bewusstseinswandel erlebte.

Das eine Leben konnte ich nicht mehr verändern, es war vorbei. Aber das andere konnte ich in jedem Moment bewusst gestalten. Was für ein Geschenk!

Ich traf diese Entscheidung schließlich mit meinem Verstand. Aber es war mein Herz, das meinem Verstand die Medizin für diese Entscheidung zugeflüstert hat: Liebe und Versöhnung. Anders gelingt es nicht!« Paul tippte noch einmal kurz auf den Herzstein in der Mitte des Kreises. »Daniel hat mir damals zu einem Ritual geraten, um meine innere Entscheidung in der äußeren Welt zu manifestieren. Ein Ritual, das mir den Weg über die Schwelle zurück in meinen Kreis geebnet hat.«

»Was war das für ein Ritual?«

»Ich habe meinem Vater einen Brief geschrieben, und der Brief trug die Überschriften *Was ich dir unbedingt noch sagen wollte Vater, ist, … Was ich dich unbedingt noch fragen wollte Vater, ist, …* Und dann habe ich diesen Brief an meinen Vater geschrieben. Dafür suchte ich mir einen schönen Ort, und ich habe alles in diesen Brief hineingelegt, weil es ja ein Abschiedsbrief war. Ich habe mich von meiner eigenen Trauer und meinem Festhalten an dieser Trauer verabschiedet. Ja, es sind noch einmal reichlich Tränen geflossen, und dann war der Brief irgendwann fertig geschrieben. Dann habe ich mir einen Feuerplatz gesucht und ein Lagerfeuer entzündet.

Dort habe ich den Brief ein letztes Mal in Stille gelesen und anschließend in Dankbarkeit dem Feuer übergeben.«

»Das ist wirklich bewegend! Und es klingt schon beim Zuhören nach Heilung.« Ich fand es beeindruckend, wie sich die Geschichte von Paul in dem Bild der drei Steine, dem Kreis und den zwei Flaschen friedlich widerspiegelte. Mehr Worte brauchte es nicht. Dieses einfache Bild drückte alles aus.

»Wollen wir das erst einmal sacken lassen?« Paul sah mich mit einem umtriebigen Blick an.

Ich stupste meinen Freund gegen die Schulter. »Du willst raus in die Wellen, stimmt's?«

»So ist es! Und du willst bestimmt nicht mit, oder?«, fragte er verschmitzt.

»Auch das stimmt!«, gestand ich, und wir mussten plötzlich laut lachen. »Aber du hast vollkommen recht. Es ist eine gute Idee, dass wir uns eine Auszeit nehmen und die Geschichte bis hierhin ankommen lassen, bevor du weitererzählst!«

»Ja, da bin ich bei dir! Aber was hast du vor?« Paul sah mich neugierig an.

»Ich werde mir meine Watklamotten holen, die Angel schnappen und hinaus auf die Klippen gehen, um einen Wolfsbarsch zu angeln. Ich habe gestern den Locals ganz genau über die Schultern geschaut!«, berichtete ich Paul grinsend. »Und bevor ich fischen gehe, besuche ich den kleinen Angelladen am Ende der Promenade und schaue, ob ich dort die Köder finde, die ich gestern an den Angeln der beiden gesehen habe.«

»Rausgeschmissenes Geld!«, kommentierte Paul lachend und lief mit seinem Brett unter dem Arm in die auflaufenden Wellen.

»Du wirst schon sehen!«, rief ich ihm hinterher, verstaute die Steine und die Flaschen im Rucksack und machte mich auf den Weg zum Angelladen.

Dort traf ich die beiden Angler von gestern wieder. Sie standen in einer finsteren, einfach eingerichteten Kaffee-Ecke und überboten sich mit Prahlereien über ihre größten Fänge. Und sie redeten darüber, warum dieser oder jener Angler nicht so erfolgreich war wie sie. Die beiden waren nicht nur Angeber, sondern auch echte Lästermäuler.

Der Besitzer des Ladens hatte ihre Geschichten wahrscheinlich schon unzählige Male gehört. Er sortierte derweil eine Lieferung Sonnenbrillen an einen Ständer, und aus einem alten Kofferradio hinter dem Verkaufstresen dudelte *Stairway to Heaven* von Led Zeppelin.

Mein Blick fiel auf die Wand mit den Wolfsbarschködern, und mittendrin hingen die Modelle der beiden Angeber. *Nimm drei, bezahl zwei* stand in großen Lettern über der Wand. Mit drei Ködern verließ ich den Laden. Für einen kurzen Moment unterbrachen die Lästermäuler ihr Gespräch und nickten mir beim Verlassen des Ladens freundlich zu, um wahrscheinlich hinter meinem Rücken gleich weiterzulästern. Dieses Mal über mich …

Auf dem Weg in die Klippen liefen meine Gedanken meinem Leben wieder unbemerkt davon.

Susanne und ich beim Diskutieren über die zukünftige Aufteilung der Hausarbeiten, neue Investitionen in meinem Unternehmen, neue Aufteilung der Arbeitsbereiche im Unternehmen, Susanne und ich und die Wandfarben, sind neue Investitionen überhaupt notwendig?, Einstellung neuer Mitarbeiter für den Vertrieb …

Was für ein Gedankenkino mit der Angel in der Hand auf dem Weg zu den Fischen. Vorbei an dem Café, über den Strand und ein kurzer Blick hinaus zu Paul, der bäuchlings in den Wellen auf seinem Brett lag.

Als ich endlich in den Klippen stand und meinen Köder in die brechenden Wellen warf, fiel im Kino der Vorhang. Seit drei Stunden lief das Wasser auf, und wie die beiden Angler gestern bekam ich von den brechenden Wellen an den Klippen eine Salzwasserdusche nach der nächsten ab. Aber mein Köder landete dort, wo ich ihn haben wollte: im quirligen Weißwasser direkt vor den Klippen, da wo die Wolfsbarsche vermeintlich auf der Jagd nach Nahrung waren.

Erst als das Wasser mit der einsetzenden Ebbe wieder abzulaufen begann, verließ ich ohne einen Fisch im Rucksack die Klippen und machte mich auf den Rückweg zum Hotel.

Am Abend trafen Paul und ich uns in dem Strandcafé. Wir wollten in der Geschichte weiterreisen, und ich war voller Vorfreude auf unsere Begegnung.

»Hast du Fisch mitgebracht, oder müssen wir uns etwas zu essen bestellen?«, neckte Paul mich zur Begrüßung.

»Nee, lass uns was bestellen! Ich habe die Fische alle wieder schwimmen lassen!«, scherzte ich zurück. »Ich freue mich sehr darauf, wieder mit dir in die Geschichte einzutauchen, und da fällt mir gerade ein, dass ich den Rucksack mit den Steinen und den Flaschen im Hotel gelassen habe.«

»Macht nichts!«, sagte Paul entschlossen. »Diese Geschichte kannst du ohne viel Aufwand auf jedem Tisch nachstellen.« Ich konnte Paul in diesem Moment die Vorfreude auf die Improvisation regelrecht ansehen. Er nahm die Espressountertasse und schob sie in die Mitte des Tisches. »Das ist der Kreis!« Dann platzierte er den Salzstreuer rechts und den Pfefferstreuer links neben der Untertasse. »Der Salzstreuer ist *die Vergangenheit* und der Pfefferstreuer ist *die Zukunft*!« Dann kramte er in seiner Hosentasche nach drei Münzen. »Die 50-Cent-Münze ist der Körper. Die Ein-Euro-Münze ist der Verstand mit seinen Gedanken, und die Fünf-Cent-Münze symbolisiert das Herz mit seinem spirituellen Wissen.« Er legte die drei Münzen in die Mitte des Tellers.

»Großartig!«, lobte ich dieses Improvisationsstück.

»Du glaubst gar nicht, wie viele Dinge dazu taugen, um auf den Cafétischen dieser Welt verbaut zu werden: Zuckerwürfel, Eheringe, Hustenbonbons, Erdbeeren, Ohrsticker, Serviettenringe … Der Fantasie sind in der Umsetzung der Geschichte absolut keine Grenzen gesetzt«, erklärte Paul lächelnd.

„Dabei kennst du die Geschichte erst seit zwei Jahren.« Ich fand die Aufzählung wirklich beeindruckend.

»Ja, das stimmt. Aber es gibt mittlerweile kaum eine Geschäftsreise ohne diese Geschichte! Du glaubst gar nicht, wie viele Leute ich treffe, die an energieraubenden Geschichten aus ihrer Vergangenheit festhängen.

Apropos Vergangenheit! Kommen wir zurück zu meiner. Es gab auch in meinem Leben noch andere Geschichten, in denen ich ständig rumgerührt habe, obwohl sie längst vorbei waren. Und eine dieser Geschichten war die von meinem Motorradunfall vor zwölf Jahren.«

Paul nahm die Ein-Euro-Münze vom Teller und legte sie an den Salzstreuer.

»Bevor Daniel mir die Geschichte vom Kreis, den drei Steinen und den zwei Flaschen erzählte, verbrachte ich sehr viel meiner Lebenszeit damit, mir vorzustellen, wie es zu dem Unfall gekommen war und wie ich ihn hätte verhindern können.

In Gedanken stieg ich unzählige Male immer wieder auf dieses Motorrad und bin immer wieder auf diese Kehre zugefahren. Ich habe mir vorgestellt, wie ich die Geschwindigkeit rechtzeitig drossle und die Kehre weiter rechts anfahre. Ich habe mir vorgestellt, wie ich den Ölfilm auf der Straße frühzeitig entdecke und nicht unachtsam nach rechts hinunter in das Tal blicke. Und immer und immer wieder habe ich mir vorgestellt, was passiert wäre, wenn ich an diesem Tag gar nicht erst auf das Motorrad gestiegen wäre, denn ich schlug dafür eine Einladung zu einem Geburtstag aus. Warum bin ich nicht mit auf diesen verdammten Geburtstag gegangen? Und dann die Reifen. Warum habe ich die alten Schlappen nicht ersetzt, obwohl ich schon monatelang vorher darüber nachgedacht habe? Warum bin ich diese Strecke gefahren, obwohl ich ursprünglich einen ganz anderen Plan hatte? Nur wegen einer Baustellenampel habe ich den ursprünglich geplanten Kurs geändert! Fragen über Fragen, Gedanken über Gedanken an eine Geschichte, die zwölf Jahre in meinem Leben zurückliegt, aber an die mich jeden Tag meine zwei fehlenden Fingerkuppen der linken Hand erinnern.«

»Mit mir hast du diesen Unfall auch immer wieder erörtert«, kam mir die Geschichte von Paul in diesem Moment auch wieder in den Sinn.

»Wahnsinn, oder? Weißt du, wie viel Lebenszeit ich damit verbracht habe, an etwas zu denken, was ich in keiner Weise wieder rückgängig machen konnte? Zwölf Jahre, mindestens jeden zweiten Tag ein paar Minuten. Und du wirst es nicht glauben: Daniel und ich haben uns vor zwei Jahren sogar den Spaß gemacht, auch wenn es ein ziemlich bitterer Spaß war, diese Gedankenzeit einmal auszurechnen.«

»Wow, da bin ich gespannt!« Ich hatte nicht die leiseste Ahnung, welche Summe bei dieser Rechnung herauskommen würde.

»Hundertachtundsiebzig Tage im Jahr mal fünf Minuten mal zwölf Jahre ergeben zehntausendsechshundertachtzig Minuten oder einhundertachtundsiebzig Stunden. Ohne Schlaf, wohlgemerkt!«, rechnete Paul kopfschüttelnd vor.

»Das ist wirklich sehr viel Zeit!«, bemerkte ich ein wenig erschrocken über diese nackten Zahlen.

»Ja, und zusammen mit den Gedanken an meinen lieblosen Vater und die in meinem Verständnis ungerechtfertigte Kündigung in meiner ersten Firma vor zehn Jahren wollte ich gar nicht wissen, wie viel meiner Lebenszeit ich in meinen alten Schmerzen und Wunden rumgerührt habe. Und der Motorradunfall hat bei Weitem nicht so viel Zeit und Energie gekostet wie mein Vater-Thema.

Alles verpasste Lebenszeit. Was für ein Wahnsinn.

Und es ist ja nicht so, dass ich irgendeinen Tag vom lieben Herrgott zweimal geschenkt bekomme. Diese Zeit war unwiederbringlich verlebt! Und noch viel dramatischer: Ich hatte sie gar nicht wirklich bewusst gelebt!«

»Und nach der Begegnung mit Daniel hast du also nicht nur mit deinem Vater Frieden geschlossen, sondern auch mit dem Motorradunfall?« Ich war neugierig zu erfahren, wie Paul zurück in seine Mitte gefunden hat.

»Ja, das habe ich. Und nicht nur damit. Auch mit meiner damaligen Kündigung und mit jeder anderen Geschichte aus meiner Vergangenheit, die nur im Ansatz dazu geeignet war, mich aus dem Hier und Jetzt, aus der Mitte meines Kreises, gedanklich herauszunehmen.

Ich stelle mir dann stets zwei Fragen:

Wo bin ich gerade mit meinen Gedanken?

Und findet dort, wo ich mit meinen Gedanken bin, gerade mein Leben statt?

Die Antworten auf diese beiden Fragen bringen mich sofort zurück in die Mitte meines Kreises! Und glaube mir, ich ertappe mich immer wieder dabei, wie ich die zweite Frage mit *Nein* beantworten muss«, fuhr Paul lächelnd fort.

„Es ist im wahrsten Sinne des Wortes ein echtes Lebenstraining! Aber ich werde immer bewusster und klarer in meinen Gedanken. Und sollte es wieder einmal schiefgehen und ich mich dabei erwischen, dass ich in alten Geschichten rumrühre, dann sage ich mir liebevoll: *Ist vorbei, Paul! Dein Leben wartet auf dich. Jetzt!*

Diese zwei Fragen stammen aus dem Medizinbeutel meines Herzsteines. Die Liebe geht den Weg in die alten Leidensgeschichten nicht mit. Die Liebe lädt dich nicht nur zur Versöhnung mit Menschen ein, die dich auf deiner Lebensreise verletzt haben, sie lädt dich auch ein, dich mit dir selber und deinen getroffenen Lebensentscheidungen zu versöhnen.

Es war, wie es war. Und es ist vorbei. Punkt. Komm jetzt wieder in deinem Leben an!«

Ich war tief beeindruckt, mit welcher Klarheit Paul seine Geschichte erzählte. »Danke, dass du deine Geschichte mit mir geteilt hast!« Ich sah meinen Freund liebevoll an.

»Von Herzen gerne, aber wir sind noch lange nicht am Ende angelangt!« Er nickte kurz, nahm die Ein-Euro-Münze vom Salzstreuer und legte sie zu den anderen zwei Münzen zurück auf den Teller. So sah es stimmig aus.

Mitte Kreis!

Und ich hatte vor lauter Spannung beim Zuhören von

Pauls Geschichte die ganze Zeit nicht an etwas anderes gedacht …

Am Horizont versank eine glutrote Sonne hinter einem friedlichen Meer. Weit draußen waren einige Schiffe zu sehen, und auf den Klippen tauchten die beiden Angler mit hell scheinenden Kopflampen auf. Sind Wolfsbarsche etwa nachtaktiv?

Was für ein Abend!

Das Leben umarmt dich!

Findet dort, wo du dich gerade
mit deinen Gedanken herumtreibst,
in diesem Augenblick dein Leben statt?

Am nächsten Morgen waren wir mit dem ersten Hochwasser wieder draußen in den Wellen. Thomas, der Koch des Hotels, rief mir beim Verlassen des Hotels hinterher, ich solle doch lieber Wolfsbarsche angeln gehen. Aber ich hatte einen besseren Plan. Ich wollte stattdessen am Abend in die Klippen gehen, denn das Abendhochwasser fiel genau in die Zeit des Sonnenunterganges. Ich war mir ziemlich sicher, dass das die perfekten Rahmenbedingungen für meinen ersten selbst gefangenen Wolfsbarsch waren. Die beiden Spezialisten waren gestern Abend bestimmt nicht zufällig unterwegs.

Das Greenhorn war durchaus lernfähig.

Auf dem zehnminütigen Fußweg vom Hotel zum Strand liefen meine Gedanken meinem Leben wieder davon. Ich hielt sie nicht auf, sondern ließ sie laufen.

Neue Aufteilung der Arbeitsbereiche im Unternehmen, Fortbildung für die Mitarbeiterinnen und Mitarbeiter in den unterschiedlichen Fachbereichen, Susanne, ich und die Wandfarben – Fortsetzung, neben dem Hautarzttermin brauche ich auch einen Termin beim Augenarzt, sind neue Investitionen überhaupt notwendig – Fortsetzung? Was ist, wenn die Kapitalmärkte auch im nächsten Jahr weiter herumschlingern?

Manchmal löste ein Gedanke ein ganzes Szenario aus, und manchmal ploppte er nur kurz auf, um gleich vom nächsten Gedanken wieder vertrieben zu werden.

Was aber immer geschah, war, dass sich in mir eine Unruhe ausbreitete. So wie jetzt, an diesem wundervollen Morgen, an meinem vierten Urlaubstag, auf dem Weg zum Strand mit meinem Board unter dem Arm. In der Welt, durch die ich lief, war von dieser Unruhe nichts zu sehen. Sie brodelte in mir. Und nur in mir.

Ich erreichte den Strand, und in meinen Gedanken war ich immer noch im Unternehmen. Zum Glück waren die Wellen an diesem Morgen wieder so kräftig, dass sich wenig später mein Gedankenkarussell nach dem Schlucken von Salzwasser und dem Hinterherschwimmen nach meinem unbefestigten Board fast bis zum Strand in dem tosenden Wasser wie von Zauberhand einfach auflöste. Ich hatte schlichtweg vergessen, das Board mit einer Leine am Knöchel zu befestigen.

Aber dann überwältigte das Meer mit seinen Wellen meine Gedanken. Was für ein Segen!

Wir blieben so lange draußen, wie unsere Kräfte reichten. Paul jubelte oder schrie immer wieder vor Begeisterung, wenn er es schaffte, eine Welle erfolgreich zu reiten. Ich feuerte ihn an und blieb bei meinen erfolgreichen Ritten meistens stumm vor Aufregung, weil ich in jedem Moment damit rechnete, wieder in das Meer zurückzufallen. Irgendwann waren unsere Kräfte dann am Ende, meine vor Pauls, aber er ließ mich nie alleine aus dem Wasser gehen. Mir gefiel diese freundschaftliche Geste!

Schon zu Schulzeiten verließen wir meistens gemeinsam das Klassenzimmer, genauso wie den Fußballplatz nach dem Schlusspfiff. Das hatte einfach immer etwas unausgesprochen Vertrautes.

Nach unserem morgendlichen Ausflug in das Meer setzten wir uns an den Strand und tauchten wieder in die Geschichte des Kreises, der drei Steine und der zwei Flaschen ein.

Und damit nicht wieder der Salz- und der Pfefferstreuer das Bild bestimmten, hatte ich diesmal vorsorglich an den Rucksack gedacht.

Als Maria uns am Strand sitzen sah, brachte sie uns zwei frisch gepresste Orangensäfte. »Ein liebevoller Gruß des Hauses!«, sagte sie lächelnd, reichte uns die Säfte und verschwand wieder in Richtung ihres Cafés.

Es war deutlich zu spüren, wie sehr sie um diese Geschichte und ihre Kraft wusste.

Paul zog mit seinem Finger einen Kreis im Sand, legte die drei Steine hinein und platzierte die zwei Flaschen wieder links und rechts des Kreises.

»Kommen wir zur zweiten Flasche in der Geschichte!« Er

blickte mich an. »Die zweite Flasche steht für die Zukunft in deinem Leben. Und so wie unter der Flasche der Vergangenheit deine erlittenen Verwundungen liegen, liegen unter der Flasche der Zukunft deine Ängste. Jede Angst ist eine Projektion auf deine Zukunft, auf etwas, das passieren könnte, und du erschaffst diese Projektion mit deinen Gedanken.

Erinnerst du dich an die junge Frau auf unserem Hinflug, die Flugangst hatte?«, fragte mich Paul.

»Ja, natürlich erinnere ich mich an sie, sie saß ja direkt vor uns!«

»In diesem Flieger saßen hundertvierzig Leute, und für die meisten Leute gab es kein Problem. Warum nicht? Weil sie sich nicht die Gedanken der jungen Frau gemacht haben! Und sie hätte genauso entspannt in dem Flieger sitzen können wie all die anderen, was sie aber nicht getan hat, weil sie sich die ganze Zeit vorgestellt hat, wie das Ding abstürzt. Sie hat ihren Untergang projiziert! Und indem sie das getan hat, hat sie ihren nichts ahnenden, in einem Flugsitz friedlich ruhenden Körper von einer Sekunde auf die nächste in allerhöchste Alarmbereitschaft versetzt: geweitete Pupillen, erhöhter Blutdruck, Schweißausbruch, Zittern, Atemnot – ihr Körper war im Absturzmodus. Und das schon auf dem Rollfeld!«

Paul nahm den Gedankenstein und legte ihn an die Flasche der Zukunft.

Er blickte auf das neu entstandene Bild. »Und so sieht dieser Alarmmodus aus.

Dein Körper kann das Hier und Jetzt nicht verlassen, dein Herz will das Hier und Jetzt nicht verlassen, aber dein Verstand mit seinen Gedanken kann dein Leben ständig in einen Alarmmodus versetzen.«

Sofort passierte energetisch dasselbe wie gestern, als Paul den Stein an der Flasche der Vergangenheit platzierte: In dem Moment, in dem der Gedankenstein die Kreismitte verlassen hatte und sich an die Flasche der Zukunft haftete, entstand sofort ein Bild der Disharmonie. Ein Bild der inneren Zerrissenheit! Es war ganz einfach und trotzdem so eindrucksvoll.

»Wir müssen ja nicht lange drum herumreden: Wenn du auf dieses Bild schaust, dann schaust du auf dein Leben. So zerrissen und getrieben läufst du die meiste Zeit durch dein Leben, und dieses Bild zeigt deinen inneren Zustand, von dem du mir vor drei Tagen im Café erzählt hast. Du bist ein Getriebener deiner Gedanken, und die Angst, die dadurch entsteht, lässt dich innerlich und äußerlich nicht zur Ruhe kommen. Du bist da und doch nicht da. Deine Angst treibt dich aus deinem Leben, aus der Mitte des Kreises, aus dem Hier und Jetzt.« Paul musterte mich aufmerksam.

»Ich wusste ja, dass das jetzt kommen würde, aber dieser Blick auf das Bild erschüttert mich zutiefst, weil es so klar und so eindringlich ist.« Ich kämpfte mit den Tränen, was Paul offensichtlich nicht entging.

»Lass laufen!«, sagte Paul und nahm mich in den Arm.

Plötzlich schnitt er ein anderes Thema an.

»Du hast mir gestern von deiner Angst vor dem Tod erzählt. Wie lange hast du diese Angst schon?«

»Gute Frage! So ungefähr zehn Jahre. Es fing mit dem Tod meiner Mutter an und zieht sich seitdem wie ein roter Faden durch mein Leben!« Ich war in diesem Moment selbst erschrocken, wie lange mich diese Angst schon begleitete.

»Zehn Jahre!«, wiederholte Paul. »Und wie oft hast du in diesen zehn Jahren an deinen Tod gedacht?«

»Na ja, fast täglich. Manchmal auch mehrmals am Tag.«

»Zehn Jahre, das sind pro Jahr dreihundertfünfundsechzig Tage. Du hast also an dreitausendsechshundertfünfzig Tagen an deinen Tod gedacht, und an jedem dieser Tage hast du deinen Körper in einen Alarmzustand versetzt«, machte Paul mir meine Angstrechnung auf.

»Dreitausendsechshundertfünfzig Tage!«, wiederholte ich diese unglaubliche Zahl. »Wahnsinn!«

»Ja, und die Wahrheit ist, dass du an keinem dieser dreitausendsechshundertfünfzig Tage gestorben bist«, sagte Paul lächelnd.

»Aber ich habe mir mein Leben mit diesen Gedanken jeden Tag selber schwer gemacht!« Diese Zahl traf mich wirklich ins Mark.

»Du hast es dir nicht nur schwer gemacht, du konntest es gar nicht richtig genießen, weil du dich sehr oft aus der Gegenwärtigkeit deines Lebens herausgenommen hast. So wie vor drei Tagen, als ich dich in der Strandbar zweimal ansprechen musste, wo du gerade mit deinen Gedanken gewesen bist!«, erinnerte Paul mich noch einmal an den Anfang der Geschichte.

»Natürlich werden wir alle eines Tages sterben. Das ist unbestritten wahr! Aber ob wir bis dahin leben, das ist unsere Entscheidung! Eine Entscheidung, die wir jeden Moment neu fällen können!«

»Das sagt sich so leicht und ist doch zu schwer!«, warf ich ein.

»Es ist eine Entscheidung!«, wiederholte er in einem sachlichen Ton und wischte meine Zweifel beiseite. »Stell dir vor, deine Angst ist eine Welle, die auf dich zurollt wie beim Surfen. Nur dass du derjenige bist, der diese Welle mit seinen Gedanken ausgelöst hat.

Dann liegt die Entscheidung immer noch bei dir, ob du dich dieser Welle hingibst und mit deiner Angst verschmilzt oder ob du sie durchrauschen lässt, ohne dich ihr hinzugeben.«

»Ja, es stimmt, dass ich die Angst mit meinen Gedanken auslöse. Und dann erfolgt eine körperliche Reaktion. Ich werde häufig unruhig, mein Herzschlag beschleunigt sich und ich fühle mich völlig gestresst.«

»Ja, deine Gedanken haben die Macht, körperliche Reaktionen auszulösen! Es geht nicht darum, deine Angstgedanken zu ignorieren oder sie wegzudrücken. Es geht um einen anderen Umgang mit ihnen. Es geht darum, sie wahrzunehmen, aber nicht anzunehmen. Das ist ein sehr heilsamer Unterschied.

Sag dir, dass du die Welle kommen siehst und sie wahrnimmst, aber sie jetzt nicht reiten wirst. Du wirst sie durchrauschen lassen und nicht mit ihr, deiner Angst, verschmelzen.

Das ist deine ureigene Entscheidung! Und diese Entscheidung kannst du nur mit deinem Verstand fällen, genauso wie ich es in dem Umgang mit meinen alten Wunden getan habe.«

Pauls Worte klangen so eindringlich und klar, aber er war mit seinen Ausführungen noch längst nicht am Ende angelangt.

»Als wir bei meinen Geschichten über den Herzstein und die Liebe sprachen, habe ich dir erzählt, dass unser Herz den Weg in unsere alten Wunden nicht mitgeht.

Und genauso wenig geht dein Herz deinen selbst gewählten Weg in deine Angst mit.

Die Liebe lädt dich ein, dich deinem Leben voller Vertrauen hinzugeben. So fühlt sich das Leben in seiner reinen Essenz an, weil mit ihr die Erkenntnis einhergeht, dass du am Ende sowieso nichts kontrollieren kannst. Und schlimmer noch: Je mehr du nach Kontrolle in deinem Leben strebst, desto kraftloser und ängstlicher wirst du werden!« Paul zeigte erneut auf den Stein unter der Flasche der Zukunft.

»Die Medizin unseres Herzens, die Liebe, umarmt in

jedem Moment deines Seins das Leben selbst. Und dein Herz ruft dir zu: ›*Hör endlich auf, dir über alles Gedanken zu machen!*‹ ›*Fürchte dich nicht!*‹, ›*Genieße dein Leben, es findet gerade in diesem Augenblick statt!*‹. Es ruft deinem Verstand zu: ›*Komm endlich zurück in die Mitte, dorthin, wo dein Leben tatsächlich gerade stattfindet. Alles andere sind deine projizierten Gedanken, die aber nicht dein Leben sind!*‹

Das hat dein Herz dir auch in den letzten dreitausendsechshundertfünfzig Tagen zugerufen, aber du hast nicht darauf gehört!«, sagte mein Freund eindringlich.

»Weil mir tatsächlich nicht wirklich klar war, dass ich das alles mit meinen Gedanken kreiere und ich mich in jedem Moment anders entscheiden kann! Wenn ich jetzt auf dieses Bild am Strand schaue, wird mir auf den ersten Blick klar, worum es geht, aber ich werde es, genauso wie du, trainieren müssen!«

»Ja, es ist am Ende ein Training, und es braucht eine Entscheidung. Aber wie gesagt, nimm deine Angst wahr, verschmilz aber nicht mit ihr! Und je mehr du das trainierst, desto weniger werden sich solche Angstgedanken in deinem Leben ihren Raum nehmen, weil du ihnen mit diesem neuen Bewusstsein ihre Macht entziehst. Ihre Macht speist sich aus deinem unbewussten Denken und den Konsequenzen, die du aus diesen Gedanken gezogen hast.

Willkommen auf dem Trainingsplatz des Lebens!«, sagte Paul lächelnd.

»Ich möchte dich an die zwei Fragen erinnern, die dir auf dem Trainingsplatz des Lebens nützlich sein können und die mir immer wieder den Weg zurück in die Mitte meines Kreises gewiesen haben, wenn ich wieder einmal dabei war, mich in meinen alten, kräftezehrenden Gedanken zu verlieren:

Wo bin ich gerade mit meinen Gedanken?

Und findet dort, wo ich mit meinen Gedanken bin, gerade mein Leben statt?

Die ehrlichen Antworten auf diese Fragen bringen dich sofort zurück in die Mitte deines Kreises!«

Für einen kurzen Moment kehrte Stille ein. Und ich musste die Dinge jetzt erst einmal sacken lassen.

»Danke für diese Geschichte, für dieses Bild, für die zwei Fragen. Vieles wird mir jetzt zum ersten Mal bewusst, und ich kann erstmalig fühlen, dass ich mit meinen Gedanken tatsächlich mein Leben kreiere. Lass uns mal eine Pause machen!« Ich sah meinen Freund dankbar an. »Diese Geschichte ist so wunderbar und hilfreich für mich!«

»Ich hab's gehofft!«, erwiderte Paul zufrieden. »Ja, lass sie sacken. Ich werde noch mal hinaus in die Wellen paddeln! Wir sehen uns später!«

Ich verstaute die Steine und die Flaschen wieder in meinen Rucksack, nahm die beiden Saftgläser und ging hinauf zum Café. Als Maria mich kommen sah, winkte sie mir freundlich zu, und einen Augenblick später saßen wir bei einem Espresso auf der kleinen Promenade und schauten Paul beim Wellenreiten zu.

»Wo seid ihr in der Geschichte?« Maria schaute mich neugierig an.

»Wir sind bei der Flasche der Zukunft angekommen«, antwortete ich lächelnd.

»Es ist so wunderbar, dass Paul dir diese Geschichte erzählt! Und ich werde dich jetzt auch nicht weiter mit Fragen nerven, weil es gut ist, wenn die Worte und Bilder der Geschichte sich in dir ihren Raum nehmen können!«

Sie fuhr mir mit ihrer Hand einmal kurz liebevoll durch mein Haar und verschwand im Café.

Ich blieb noch eine Zeit lang sitzen. Ich saß auf demselben Stuhl wie vor einigen Tagen, als ich mich mit meinen Gedanken aus dem Urlaubs- in den Alarmmodus katapultiert hatte. Für einen kurzen Moment dachte ich an das Büro. »*Wo bin ich gerade mit meinen Gedanken? Und findet dort, wo ich mich gerade mit meinen Gedanken herumtreibe, in diesem Augenblick mein Leben statt?*« Mein Trainingslager hatte begonnen.

Ich verließ das Café und machte mich noch einmal auf den Weg in das Angelgeschäft. Meine Angelschnur war mittlerweile in die Jahre gekommen, sodass sie einem halbwegs ausgewachsenen Wolfsbarsch nichts mehr entgegensetzen konnte. Sie hatte sich über die Jahre auf meiner Angelrolle porös gelegen. Als ich gestern meinen Köder anknoten wollte, brauchte es drei Versuche, bis der Knoten halbwegs hielt, ohne ihn wirklich ganz fest zuzuziehen. Im Nachgang konnte ich wahrscheinlich froh sein, dass gestern kein Wolfsbarsch auf meinen Köder hereingefallen war.

In der Kaffee-Ecke des Ladens standen wieder die beiden Lästermäuler. Wahrscheinlich verließen sie die Ecke nur zum Angeln und gehörten ansonsten zum festen Inventar des Ladens. So einen Laden zu führen braucht schon ein ganz besonders Gemüt. Ich bekam plötzlich Mitleid mit dem Ladeninhaber. Er konnte ja nicht einfach weglaufen, wenn ihm das Gerede der beiden auf die Nerven ging. Es war sein Laden, er schloss morgens die Tür auf, und die Experten waren wahrscheinlich eine Minute nach Ladenöffnung hineinmarschiert – geradewegs in die Kaffee-Ecke. Geld verdiente er mit den beiden wahrscheinlich schon lange nicht mehr. Experten brauchten keine neuen Köder. Sie verließen sich auf Altbewährtes und das über viele Jahre hinweg. Was sie aber brauchten, war ein abgesteckter, halb öffentlicher und beheizter Raum zum Lästern.

Da bleibt man als Ladeninhaber am besten ganz in seiner Mitte!

Die neue Schnur war schnell aufgespult, und damit ich am Abend nicht plötzlich im Dunkeln stand, kaufte ich auch noch eine neue Kopflampe. Mein Modell stammte aus der Zeit, als die LED-Technologie noch nicht erfunden war. Mit dieser Lampe waren Paul und ich schon damals am Dorfteich unterwegs gewesen. Nachdem es mit dem Fangen von Rotfedern nicht klappen wollte, hatten wir versucht, in einer Gewitternacht einen Aal zu erwischen. In dieser einen Nacht verbrauchte die Kopflampe vier Packungen Batterien. Das war das gesamte Geld meines zweiwöchentlichen Taschengeldetats.

Ja, es stimmte: Schöne Kindheitserinnerungen rauben einem keine Energie. Sie zaubern einem ein Lächeln ins Gesicht!

Bestens ausgestattet verließ ich den Laden und hörte beim Herausgehen, wie einer der beiden selbst ernannten Experten zu dem anderen sagte: *Er war gestern in den Klippen. Hat aber nichts gefangen, dieses Greenhorn!*

Lass sie reden, dachte ich im Stillen.

Am späten Nachmittag traf ich Paul in dem Café wieder. Sein Board lehnte an der Piratenwand, und er cremte sich gerade wieder seine Städternase ein. Für einen Moment ploppten in mir wieder Gedanken an Hautkrebs auf. Aber das Bild vom Alarmzustand saß. Ich wollte jetzt keinen in mir auslösen! Das war meine Entscheidung! Also nahm ich den Gedanken wahr und ließ ihn wie eine Welle durch mich durchrauschen, verschmolz aber nicht mit ihm. Stattdessen konzentrierte ich mich auf Paul und unser Wiedersehen.

Paul sah mir an, dass ich mich gerade auf dem Trainingsplatz des Lebens befand, und ich teilte meine Gedanken mit ihm. »Spannend, oder?«, schmunzelte er.

»Na ja, spannend ist nicht das richtige Wort. Es ist ganz schön herausfordernd!«

»Es ist Neuland, und du wirst immer wieder mal in die alten Gedankenmuster tappen, weil du diese Muster sehr, sehr lange genährt hast. Diesen neuen Pfad anzulegen, zurück in ein Leben, das viel öfter und viel bewusster im Hier und Jetzt stattfindet, braucht Zeit und Geduld!

Und je mehr du diese Bewusstheit trainierst, desto mehr wird sie für dich zu einer gelebten Selbstverständlichkeit!« Paul sah mich zuversichtlich an. »Und ich bin das beste Beispiel, dass es funktionieren kann!« Er klopfte sich kurz auf die Brust. »Und natürlich steht es dir zu, immer wieder einmal in die alten Fallen zu tappen, aber es ist deine Entscheidung, nicht darin stecken zu bleiben. Dein Leben wartet in jedem Moment im Hier und Jetzt auf dich!

Und da sind wir an dem Punkt der Geschichte, an dem wir heute Vormittag eine Pause gemacht haben.

Nicht nur dein Herz mit seinem spirituellen Wissen lädt dich unentwegt ein, in die Mitte deines Kreises zurückzukehren und dein Leben zu genießen. Wenn du zu viel Lebenszeit unter den Flaschen verlebst, spricht auch dein Körper irgendwann Einladungen aus, endlich wieder in deine Mitte zurückzukehren.

Dein Herz kommuniziert über sein spirituelles Wissen, und dein Körper kann über Krankheiten mit dir kommunizieren. Es ist seine Form, dich daran zu erinnern, dass dein Leben im Hier und Jetzt stattfindet und es heilsam für dich ist, in dieses Leben zurückzukehren.

Zum Beispiel dein Kopfschmerz, der dich fragt, worüber du dir ständig den Kopf zerbrichst, statt dein Leben zu genießen. Oder deine Schlaflosigkeit, die dich fragt, was dir denn in Wahrheit deinen Schlaf raubt? Deine Rückenschmerzen, die dich einladen, endlich die Dinge abzuwerfen, die sich schon viel zu lange viel zu schwer für dich anfühlen. Ein Ballast, der gespeist ist von deiner Angst oder vom Festhalten an alten Wunden. Dein Stress, der dich darin erinnert, dass dahinter immer eine Angst steckt. Deine Herzrhythmusstörungen, weil dein Leben völlig aus seinem ursprünglichen Takt geraten ist. Deine Magen- und Darmprobleme, weil ein Leben unter den Flaschen viel schwerer zu verdauen ist, als die Leichtigkeit des Seins im Hier und Jetzt!

Wie sollte dein Körper anders reagieren als über diese Botschaften? Er hat keine andere Wahl. Dein Körper erinnert dich daran, dass in deinem Herzen wundervolle Medizinen ruhen: Selbstliebe, Selbstfürsorge, Hingabe und Vertrauen.

Und die Botschaft deines Körpers hinter einer Krankheit heißt in vielen Fällen: *Komm zurück in deine Mitte!* Dein Körper kommuniziert auf seine Art und Weise die gleiche Botschaft wie die Liebe: Komm zurück in dein Leben! Und beide Steine ruhen in der Mitte des Kreises, um es in dem Bild unserer Geschichte zu beschreiben.«

»Und wie war das mit der Medizin in deinem Fall, also wenn ein Mensch zu lange an der Flasche der Vergangenheit klebt?«

»Na ja, meine innere Schwere und meine Kraftlosigkeit waren auch Reaktionen meines Körpers und seine Einladung an mich, endlich wieder auf mein Herz zu hören. Unser Körper reagiert sehr sensibel darauf, ob wir unter den Flaschen unterwegs sind oder ein Leben im Hier und Jetzt führen. In jungen Jahren steckt ein Körper das vielleicht auch noch leichter weg, aber mit den Jahren wird ein unkonzentriertes Leben immer anstrengender und kräftezehrender.

Das liegt im wahrsten Sinne des Wortes in der Natur der Sache! Denn unsere Natur ist *Mitte Kreis*. Und wenn Kinder noch Kinder sein dürfen, können wir uns bei ihnen abgucken, wie das geht. Sie sind beim Spielen komplett im Hier und Jetzt versunken, genauso wie wir heute Morgen beim Wellenreiten. Da kommen gar keine Gedanken an die Zukunft oder die Vergangenheit auf. Man versinkt in seinem Tun. Raum und Zeit sind eins! Es ist die völlige Hingabe an das Leben selbst, und das ist spirituelles Wissen! Stell dir vor, wir hätten unser Herz mit diesem Wissen nicht! Wir würden orientierungslos unter den Flaschen herumirren!«

»Aber wir tun es ja trotzdem!«, erwiderte ich und fing an zu lachen.

»Ja, das stimmt wohl!«, bestätigte Paul lächelnd. »Aber wir sind mit diesem Herzenswissen gesegnet, und wir können uns jederzeit entscheiden, diese Medizin zu nutzen. Das Leben will uns ständig umarmen, aber wir müssen auch zu Hause sein.«

Paul nahm den Gedankenstein von der Flasche der Zukunft und legte ihn zu den anderen beiden Steinen zurück in die Mitte des Kreises.

Sofort löste dieses neue Bild ein Gefühl von Harmonie und Frieden aus.

»Danke, Paul! Es tut wirklich so gut, diese Geschichte zu hören! Mein Herz jubelt!«, strahlte ich meinen Freund an.

»Und jetzt willst du angeln gehen, stimmt's?«, fragte Paul.

»Ja, das stimmt! In einer Stunde ist Sonnenuntergang, und ich brauche noch ein bisschen Zeit, um mein Geraffel zusammenzupacken!«

»Dann nehme ich jetzt mal die Steine und die Flaschen mit!«, sagte Paul und packte alles in seinen Rucksack.

»Bis später!«

»Tight Lines!«

»Danke, mein Lieber!«

Eine halbe Stunde später merkte ich gar nicht, wie meine Gedanken schon wieder anfingen, meinem Leben davonzulaufen. Beim Packen meiner Angelsachen im Hotel dachte ich daran, wie dumm es wäre, wenn die beiden anderen Angler mir zuvorkommen und den Platz in den Klippen belegen würden. Von diesem Gedanken getrieben, packte ich in Windeseile meine Sachen und lief los.

Als ich vom Hotel hinunter an den Strand kam, konnte ich erkennen, dass der Platz noch nicht belegt war. Offensichtlich hatte ich heute Glück!

Schnell lief ich über den Strand, kletterte in die Felsen

und stand schließlich als Erster auf dem begehrten Platz. Ich montierte einen Köder an die neue Angelschnur und warf ihn hoffnungsvoll in das schäumende Wasser direkt vor den Klippen.

Ich wollte jetzt unbedingt meinen ersten Wolfsbarsch mit der Angel fangen. Die meisten Fische auf den Speisekarten der Restaurants dieser Welt stammten aus großen Fischzuchten. Diese Wolfsbarsche hatten nicht einen einzigen Flossenschlag als freie Kreatur im großen Meer getan. Sie wurden in Käfigen zur Schlachtreife gefüttert und dann an die Fischbörsen geliefert. Deswegen war ein Wolfsbarsch immer gleich groß, egal ob man ihn in einem Fischrestaurant in Berlin, Mailand oder Dubai bestellte. Wie anders würde es sein, wirklich einen wilden Wolfsbarsch zu schmecken? Und wie viel mehr Haltung steckte dahinter, diesen Fisch selber mit der Angel zu fangen und ihm in Dankbarkeit selber das Leben auszuhauchen? Einem Fisch, der aus dem großen Meer kam!

Die Sonne ging unter, und mit dem schwindenden Tageslicht breitete sich schnell die Dunkelheit aus. Ich griff nach meinem Rucksack und suchte nach der neuen Kopflampe. In dem Moment schoss es mir durch den Kopf: Ich hatte sie vergessen. Sie lag in einer Jutetasche auf dem Hoteltisch. Und dank meines überhasteten Aufbruchs lag sie da immer noch, warm und trocken.

Es nützte nichts, ohne Licht war es in den Klippen viel zu gefährlich. Ich packte meine Angel ein, nahm meine Sachen und ging in der

Dämmerung zurück zum Hotel. Als ich in das Zimmer kam, fiel mein Blick sofort auf die Tasche. Neben ihr stand eine Flasche Wasser. Auch sie hatte ich bei meinem hektischen Aufbruch einfach stehen lassen. Ich sah in den Spiegel und musste über mich selber schmunzeln. So geht Alarmmodus!

In Ruhe packte ich jetzt alles zusammen. Bevor ich ging, trank ich noch ein Glas Wasser.

Als ich hinunter an den Strand kam, war es stockdunkel. Und noch bevor ich meine Kopflampe anknipste, sah ich in den Klippen zwei Lichtpunkte. Ich kam zu spät!

Dein Leben und das Leben der anderen

Liebe ist ein Lebensgeschenk

Wo ist der Fisch?«, fragte Paul und blickte mich freudestrahlend an, als wir uns am nächsten Morgen vor dem Hotel trafen, um in das Strandcafé zum Frühstücken zu gehen. Erst druckste ich ein wenig herum, aber dann erzählte ich ihm meine komplette Heldengeschichte des gestrigen Abends.

»Hoffentlich sind jetzt nicht schon alle Tische im Café belegt!«, scherzte er und klopfte mir freundschaftlich auf den Rücken.

»Ist doch der Hammer, oder?«

»Ja, und dein Erlebnis passt so wunderbar zu der Geschichte des Kreises, der drei Steine und der zwei Flaschen!«

»Du meinst das Thema Konzentriertheit und Unkonzentriertheit?« Mir war völlig klar, worauf Paul hinauswollte.

»Genau! Wenn du mit deinen Gedanken nicht dort bist, wo sich dein Leben gerade abspielt, sondern unter der Flasche der Vergangenheit oder der der Zukunft, bist du unkonzentriert. Diese Unkonzentriertheit ist der Nährboden für all die Dinge, die du dir im Nachgang lieber nicht kreiert hättest. Wenn du unkonzentriert bist, haust du dir mit dem Hammer auf den Daumen. Wenn du unkonzentriert bist, schneidest du dich mit dem Küchenmesser. Wenn du unkonzentriert bist, fährst du mit dem Auto irgendwo rein.«

»Oder du gehst mit halbem Gepäck in die Klippen zum Angeln!«, ergänzte ich lachend.

»Oder das!«, schmunzelte Paul. »Das Drama ist, dass den Menschen die meisten unangenehmen Dinge widerfahren, während sie sich unter den Flaschen rumtreiben, statt ganz bewusst da zu sein, wo ihr Leben gerade stattfindet. *Ich war einfach abgelenkt!,* heißt es dann oft. Ja, das stimmt: abgelenkt von den eigenen Gedanken.

Wenn alle Menschen es schaffen würden, wirklich bewusst im Hier und Jetzt zu leben, hätte das Personal in den Krankenhäusern und Rehakliniken nur ein Bruchteil von dem zu tun, was sie da jeden Tag an Folgen der Unkonzentriertheiten wieder geradebiegen müssen. *Mitte Kreis* ist einfach ein ziemlich ungefährlicher Raum.«

»Guck mal, da ist noch ein Tisch frei!«, bemerkte ich fröhlich. Wir setzten uns an den Tisch und bestellten zweimal das *Wellenreiter-Frühstück-Pro* mit Milchkaffee. Kurze Zeit später brachte Maria uns das Frühstück an den Tisch. »Na, seid ihr immer noch unter der Flasche der Zukunft unterwegs?«, fragte sie gut gelaunt.

»Ja, und wir sind schon dabei, uns über die Pfade zurück in das Hier und Jetzt zu unterhalten, und wie der Körper uns auf seine ganz eigene Art und Weise dabei behilflich sein kann.« Paul sah sie freundlich an. »Aber da bist du ja auch eine Expertin!«

»Na ja, sagen wir mal so: Ich bin eine Expertin geworden!«, erwiderte sie lächelnd und ging zurück in die Küche.

»Wieso ist sie eine Expertin?«, fragte ich Paul verständnislos.

»Sie betreibt nicht nur dieses Café. Maria ist auch Yoga- und Meditationslehrerin. Und es speist sich in ihrem Leben aus dem Bewusstsein, dass unser Körper über seine Krankheiten nicht nur Einladungen aussprechen kann, wieder in das Hier und Jetzt zurückzukehren, sondern dass dieser Körper mit seinen Sinnen und seinem Atem auch dieses Tor sein kann. Atmen, Yoga, Meditation sind Medizin, die die gedanklich ausgelösten Alarmzustände wieder auflösen können. Und Maria ist eine Wegbegleiterin für Menschen, die diesen Weg nicht alleine gehen können oder wollen.«

»Deswegen ist sie immer so ausgeglichen und fröhlich!« Ich schaute ihr hinterher, als sie in die Küche ging.

»Es gibt auf diesem Planeten glaube ich kaum einen Menschen, der mehr in der Mitte seines Kreises ist als Maria!«, stimmte Paul mir zu.

»Aber das ist noch mal ein guter Punkt!«, bemerkte ich. »Wenn man auf dem Trainingsplatz des Lebens immer wieder ins Straucheln kommt und es einem nicht so leichtfällt, aus den alten Verletzungen oder den projizierten Zukunftsängsten herauszufinden, ist eine Expertin wie Maria doch ein echtes Geschenk, um den Weg zurück in ein Leben, das wieder viel mehr im Hier und Jetzt stattfindet, zu begleiten.«

»Unbedingt! Es braucht nur die Entscheidung, sich diese Wegbegleitung zu holen! Und diese Entscheidung kann einem keiner abnehmen!«

»Das stimmt wohl!«

»Manchmal ist es übrigens auch eine gute Idee, eine Expertin oder einen Experten für die eigene Beziehung aufzusuchen, damit beide den Weg von den Flaschen in die Mitte ihrer Kreise finden.«

»Du meinst mich und Susanne.«

»Ich meine dich und Birte, Monika, Luise, Frederike und Susanne!«

»Aber ich bin ja jetzt mit Susanne zusammen.«

»Ja, aber du lebst mit ihr etwas, das du schon mit den anderen Frauen gelebt hast: *Kleiner, ängstlicher Junge liebt kleines, verwundetes Mädchen.* Und wenn du dir das nicht endlich bewusst machst, wird die Beziehung mit Susanne genauso scheitern wie alle Beziehungen vorher und alle Beziehungen, die noch kommen werden«, erwiderte Paul grinsend.

Dann griff er nach der Espresso-Untertasse, holte die zwei Flaschen aus seinem Rucksack und platzierte sie links und rechts neben dem Teller. »Das bist du!« Paul zeigte auf den Salzstreuer. »Und das ist Susanne.« Er hielt mir dann den Pfefferstreuer entgegen. »So sieht das aus, was du tagtäglich mit Susanne lebst.« Paul nahm den Salzstreuer und stellte ihn an die Flasche der Zukunft. Dann nahm er den Pfefferstreuer und stellte ihn an die Flasche der Vergangenheit.

»Kleiner, *ängstlicher Junge liebt kleines, verwundetes Mäd-*

chen«, wiederholte er mit Blick auf das Bild. »Erinnerst du dich an Tim und Anne?«

»Tim und Anne?«

»Ja, da war es umgekehrt: *Kleiner, verwundeter Junge liebt kleines, ängstliches Mädchen.* Wenn Tim mit uns unterwegs war, konnten wir doch die Uhr danach stellen, wann Anne sich, meistens unter irgendeinem Vorwand, bei ihm melden würde.«

»Oh ja, ich erinnere mich!«

»Und es gab nicht nur diese Anrufe. Tim erzählte uns, dass die beiden stündlich Kontakt über Messenger oder Snapchat hatten.«

»So ist das eben, wenn man total verliebt ineinander ist!«, bemerkte ich scherzhaft.

»Nee, so ist das, wenn ein kleines, ängstliches Mädchen einen kleinen, verwundeten Jungen liebt. Sie hat Angst, dass er sie verlässt, und er hat Angst vor neuen Verletzungen. Und dann erschaffen sie sich gemeinsam ein Kontrollsystem aus Bildchen und Nachrichten. Das ist aber keine Liebe, sondern Angst. Angst vor Verlust und Schmerz. Es ist eine Beziehung, die zum Scheitern verurteilt ist! Und es gibt noch ganz viel andere kleinmachende und kränkende Beziehungsmodelle!« Paul stellte den Salzstreuer zu dem Pfefferstreuer an die Flasche der Vergangenheit. »Das ist *kleiner, verwundeter Junge liebt kleines, verwundetes Mädchen.* Das ist aber nicht *Mann liebt Frau*! Und ich habe das ja lange Zeit selbst erfahren, wie sich ein Leben anfühlt, wenn man seine alten Wunden am Eitern hält. Ich war ein kleiner, bedürftiger

Junge, bedürftig nach der Liebe meines Vaters, aber ich war kein erwachsener, liebender Mann!

Ich war es schon deshalb nicht, weil ich nicht in meinem Herzenswissen von Versöhnung und Friedensschluss angekommen war, sondern wie ein kleiner Junge meine Bedürftigkeit gepflegt habe. Und das immerhin im stolzen Alter von sechsundvierzig Jahren.

Irgendwann ist doch mal Zeit, erwachsen zu werden, oder?

Und wenn eine Frau in einer Beziehung genauso unterwegs ist, legt sich eine unendliche Schwere über diese Zweisamkeit. So lange, bis jeder für sich und die beiden miteinander beschließen, dieser Lethargie und Trauer endlich ein liebevolles Leben entgegenzusetzen. Mitte Kreis! Und zu diesem Beschluss kann es eben gehören, sich Wegbegleitung zu holen.«

»Und dann gibt es ja auch noch *kleiner, ängstlicher Junge liebt kleines, ängstliches Mädchen*!« Ich nahm den Salz- und Pfefferstreuer und stellte sie an die Flasche der Zukunft. »Ja, auch ein sehr beliebtes Beziehungsmodell!«, kommentierte Paul lachend.

»Dort existiert die Angst in Form von Eifersuchtsdramen und dem Zwang, das Leben des anderen zu kontrollieren, um ihn nicht zu verlieren. In der Beziehung geht es dann richtig zur Sache. Da fliegen am Ende auch die Teller. Aber das ist nicht Frau liebt Mann. Es ist die Liebe, die die beiden einlädt, endlich erwachsen zu werden und im eigenen Leben anzukommen. Mann und Frau ist eine Mitte-Kreis-Beziehung.«

Paul nahm den Salz- und den Pfefferstreuer und stellte sie gemeinsam auf die Untertasse.

»Jetzt verstehe ich auch deine Aufzählung meiner gelebten Beziehungen, weil sich nicht durch eine neue Beziehung etwas ändert, sondern nur durch meinen Bewusstseinswandel, mich endlich meinen Ängsten zuzuwenden.« Das war mir in dem Moment klar geworden.

»Ja, sonst scheiterst du immer wieder. Und zwar nicht an deinen Partnerinnen, sondern an deinen Ängsten!«

»Ja, es ist die Initiation vom kleinen Jungen zum Mann! Dieser Mann weiß darum, dass er seine Ängste mit seinen Gedanken kreiert, und er weiß darum, dass er sich jeden Moment entscheiden kann, nicht mit seinen selbst projizierten Gedanken zu verschmelzen.

Ein kleiner, ängstlicher Junge bleibt in seiner Angst. Und dieser kleine Junge ist am Ende überhaupt nicht fähig, eine liebevolle Beziehung auf Augenhöhe zu führen.

Wenn ich mich nicht auf den Weg gemacht hätte, mein Vaterthema liebevoll zu wandeln, wäre meine Ehe mit Sicherheit gescheitert!«, erläuterte Paul.

»Was man doch so alles auf einem Frühstückstisch klären kann!«, fügte ich lachend hinzu, und dieses Lachen ging mit der Erkenntnis einher, dass ich viel zu lange meinem Leben davongelaufen bin. Das jetzt endlich zu fühlen und wahrzunehmen, war wie eine Befreiung für mich.

Ich freute mich auf das, was gerade dran war: Wellenreiten!

»Los! Raus in die Wellen!«, rief ich Paul voller Energie zu.

»Ja, unbedingt!«, stimmte er zu.

Es brauchte viel Kraft, um hinter die brechenden Wellen zu paddeln. Mein Board war jetzt mit einer Schnur gesichert. Paul tauchte vor mir in den Wellenkämmen auf, um im nächsten Moment wieder im nächsten Wellental zu verschwinden. Er hatte mir konditionell einiges voraus, aber er war ja auch deutlich mehr im Wasser, anstatt sich über irgendetwas den Kopf zu zerbrechen. Das eigene Kopfkino schwächte nicht nur die Lebenskräfte, sondern führte direkt in einen Zustand der Lethargie.

Als wir weit genug hinausgepaddelt waren, legten wir uns bäuchlings auf unsere Bretter und warteten auf die perfekte Welle. Und da hatte jeder so sein eigenes Gefühl. Als Paul schon auf dem Brett stehend Richtung Strand verschwand, lag ich immer noch auf dem Brett. Vielleicht lag ich auch nur noch da, weil durch die Erkenntnisse aus der Geschichte meine Sinne ganz neu erweckt schienen.

Plötzlich schmeckte das Meersalz auf meinen Lippen intensiver. Ich fühlte, selbst im Wasser, die Wärme der Sonne auf meinem Gesicht. Ich hörte das wildrauschende Wasser der brechenden Wellen mit ganz anderen Ohren. Und ich sah eine leuchtende Welt aus Blautönen, die der Himmel und das Wasser erschaffen hatten. Eine Welt, die schöner nicht sein konnte.

Es kribbelte in meinem ganzen Körper, und für Gedankenschleifen war überhaupt kein Raum.

In diesem Moment konnte ich zum ersten Mal ganz tief fühlen, dass das Hier und Jetzt tatsächlich der einzige LEBENSRAUM war, in dem ich lebte. Und dass alles Leben eine unbewusste oder bewusste Entscheidung zwischen Flasche und Kreis ist …

Zwischen Liebe und Angst.
Zwischen Vertrauen und Angst.
Zwischen Konzentriertheit und Unkonzentriertheit.
Zwischen Mut und Angst.
Zwischen Achtsamkeit und Unachtsamkeit.
Zwischen Hingabe und Kontrolle.
Zwischen da sein und abwesend sein.
Zwischen heilsam sein und kräftezehrend sein.
Zwischen energiespendend und energieraubend.
Zwischen bewusstem und unbewusstem Leben.

Ich fühlte es da draußen im Meer, bäuchlings auf einem Board. Bewusstseinsveränderung ist an keinen äußeren Ort gebunden, sie ist eine innere Reise. Es ist die Reise zurück in unser Herzenswissen, in die Liebe. Und diese Medizin habe ich mit auf meine Lebensreise bekommen. Sie ist im wahrsten Sinne des Wortes *ein Lebensgeschenk*!

Und es ist an mir, dieses Geschenk anzunehmen und zu würdigen.

Ich fühlte mich so lebendig, wie schon lange nicht mehr. Ich war da, in meinem LEBENSRAUM. Im Hier und Jetzt!

Erst am Nachmittag tauchten wir wieder am Strand auf. Wir gingen hinauf zum Strandcafé, stellten unsere Boards an die Bretterwand und bestellten Espressi und Sandwiches.

Das Café war bis auf den letzten Platz gefüllt, trotz Vorsaison, aber wer in der Gegend unterwegs war, trank seinen Kaffee bei Maria. Es war das Gesetz der Anziehung. Und der Magnet war Maria mit ihrer fröhlichen, dem Leben zugewandten Energie. Menschen fühlen sich bei Menschen, die in der Mitte ihres Kreises sind, besonders wohl. Deswegen gingen die beiden lästernden Angler wahrscheinlich auch jeden Tag in den kleinen Angelladen. Der Inhaber ruhte genauso in sich wie Maria.

Nach dem Essen beugte sich Paul plötzlich zu mir herüber.

»Was fällt dir auf, wenn du dir die Menschen hier im Café mal ganz bewusst anschaust?« Er sah mich gespannt an.

»Wie meinst du das?«

»Na ja, womit sind die meisten Menschen hier gerade beschäftigt?«

»Du meinst, dass sie auf ihr Handy schauen?« Mir war der Anblick von Menschen, die permanent auf ihr Handy starrten, schon so vertraut, dass ich es gar nicht mehr als Besonderheit wahrnahm.

»Genau! Nimm dieses Bild einmal ganz bewusst wahr und lass es eine Minute wirken! Weißt du, womit diese Menschen gerade überwiegend beschäftigt sind?«

»Na ja, sie schauen auf ihr Handy!«

»Ja, und sie sind in den Kreisen von anderen Leuten unterwegs!«

Sie scrollen in den Leben der anderen herum, statt sich um ihr Leben zu kümmern! Sie erfahren gerade, dass Fritz einen neuen Rasenmäher gekauft hat. Susi backt. Peter grillt. Oskar chillt. Luise trauert. Eric hat nichts gegen Ausländer. Kurt aber schon. Sam steckt gerade in einer Sinnkrise. Eigentlich hat Susi aber keine Lust zum Backen. Bei Anke in Rom regnet es. Doris joggt. Norbert liest ein Buch.

Klaus hat einen neuen Job. Loris ist seinen los. Und jetzt Werbung für Babybrei. Und auf Timos Timeline läuft gerade ein ausgewachsener Shitstorm und nicht nur dort …«

Wo bin ich gerade mit meinen Gedanken?
Und findet dort, wo ich mit meinen Gedanken bin, gerade mein Leben statt?

Ich schüttete mich vor Lachen aus, aber ich war nicht zu Gast auf einer Kabarettveranstaltung. Ich saß mit meinem besten Freund am Strand und philosophierte über ein gelingendes Leben im Hier und Jetzt.

Paul beendete seine Aufzählung und sah mich an.

»In der Geschichte vom Kreis, den drei Steinen und den zwei Flaschen geht es ja nicht nur darum, zurück in die eigene Mitte zu finden, sondern auch bewusst dort zu leben, weil es der einzige Raum ist, den du für dein gelingendes Leben gestalten kannst.

Was brauche ich gerade? Was tut mir jetzt gut? Was stärkt mich jetzt? Wofür habe ich jetzt Zeit?

Stattdessen denkst du, dass Oskar schon immer faul war und Anke den Regen in Rom verdient hat. Dass Norbert lieber ein anderes Buch lesen sollte und Luise wirklich zu bedauern ist. Dass der Rasenmäher von Fritz viel zu teuer war und Peter zu viel Fleisch isst.

Statt dich um dein Leben im Hier und Jetzt zu kümmern, philosophierst du darüber, was richtig und falsch ist im Leben von anderen Leuten.

Wenn du aber deine Lebenszeit und deine Lebensenergie dafür verwendest, um in den Kreisen von andern Leuten unterwegs zu sein, sind es die Zeit und die Energie, die du dir selber raubst. Die Zeit und die Aufmerksamkeit, die du Fritz, Susi, Peter, Oskar, Luise, Eric, Kurt, Sam, Anke, Doris, Norbert, Klaus, Loris und Timo schenkst, ist die Lebenszeit, die dir fehlt, weil du diese Zeit nur einmal erleben kannst!

Und wie du diese Zeit füllst, ist deine Entscheidung!«

»Aber es ist vielleicht viel einfacher, in den Kreisen von anderen Menschen unterwegs zu sein, als sich mit sich selber zu beschäftigen«, stellte ich spontan fest, ohne jemals darüber nachgedacht zu haben.

Und in dem Moment fielen mir wieder die beiden lästernden Angler aus dem Laden ein. Um in den Kreisen von anderen Leuten unterwegs zu sein, braucht man kein Handy, das geht auch im Off-Modus. Ich begann innerlich zu schmunzeln und erzählte Paul von meinen Begegnungen. »Das, was du sagst, ist sicherlich richtig, einerseits. Ja, sie sind, wenn sie lästern, in den Kreisen von anderen Leuten unterwegs, aber gleichzeitig warst du auch in ihrem Kreis! Du hast ihnen deine Aufmerksamkeit und Zeit gewidmet, indem du ihnen zugehört hast, statt dich einfach auf deinen Köderkauf zu konzentrieren.«

»Und das wird mir tatsächlich jetzt erst bewusst!«, stimmte ich meinem Freund zu.

»Und auch das passt an dieser Stelle: Nicht nur du entscheidest, ob du dich in den Kreisen von anderen Menschen herumtreibst. Andere Menschen treiben sich auch in deinem Kreis herum – wenn du es zulässt! Ich hatte heute Morgen eine ganz spannende Begegnung mit meiner Zimmernachbarin im Hotel. Sie kam gerade vom Joggen am Strand zurück und war total aufgebracht. Ihr war eine andere Frau mit ihrem unangeleinten Hund begegnet, und dieser Hund stürmte kläffend auf sie zu. Kein großer Hund, eher so ein Wadenbeißer, und meine Zimmernachbarin entfuhr ein blöder *Köter!* Und die Hundebesitzerin warf ihr als Antwort *blöder Mensch!* entgegen. Als ich meine Zimmernachbarin traf, hatte sie bereits geduscht, war frühstücken gegangen und kam gerade vom Einkaufen zurück und war immer noch total böse über die Begegnung am Strand. Warum erzähle ich dir die Geschichte? Wie lange will meine Zimmernachbarin diese Frau denn noch in ihrem Kreis, in ihrem Hier und Jetzt, gegenwärtig sein lassen? Die Begegnung lag Stunden zurück, und die Frau kochte innerlich immer noch.«

»Du meinst, da hilft es nur, wie bei unserem Gespräch über die Flasche der Vergangenheit einen Punkt zu setzen?« Ich verstand sehr wohl, worauf Paul hinauswollte.

»Genau! Es ist einfach weise, einen Punkt zu setzen, um seiner selbst willen.

Sie gibt dieser Frau mit ihrem Festhalten an ihren wütenden Gedanken eine Macht, obwohl diese Frau nicht einmal anwesend ist, genauso wie ich es mit meinen Gedanken an meinen Vater getan habe. Wir kennen doch alle Situationen, in denen Menschen plötzlich in unseren Kreis platzen – mit einem lieblosen Satz, mit einer Beleidigung oder einer Denunziation. Du allein jedoch entscheidest, ob du demjenigen die Macht gibst zu bleiben. So lange du dich für das Bleiben entscheidest, ist er oder sie in deinem Kreis unterwegs und du in seinem oder ihrem.

Diese Ablenkung, ob nun selbst gewählt oder provoziert, führt eben nicht zu einem Lebensgefühl von *Mitte Kreis*, zu einem Lebensgefühl von innerer Zufriedenheit. Im Gegenteil: Die permanente Beschäftigung mit den Kreisen der anderen Leute führt dich noch tiefer in ein Gefühl von innerer Leere und Kraftlosigkeit. Eine Leere und eine Kraftlosigkeit, die sich nur im eigenen Leben füllen ließe. Und es ist der zweite Stein, dein Herz mit seinem Wissen, dass dich immer wieder daran erinnert, dich statt mit den Leben der anderen lieber mit deinem eigenen Leben zu beschäftigen.«

»Da gibt es ja auch genug zu tun!«, erwiderte ich lächelnd.

»Absolut! Und wir beide sprechen da wirklich aus Erfahrung.« Paul klopfte mir freundschaftlich auf die Schulter.

»Stell dir dieses Lebensprinzip, in dem viel Aufmerksamkeit und Zeit in die Leben von anderen Leuten fließt, mal beim Wellenreiten vor«, fuhr Paul fort. »*Was hat der neben mir eigentlich für ein Brett? Warum nimmt sie denn nicht die Welle? Der ist aber ängstlich! Vorausschauend ist die aber nicht! Der wird die Welle wieder verpassen! Warum paddelt er nicht weiter raus?*

Weißt du, wie viele Wellen du mit so einer gedanklichen Umtriebigkeit reiten würdest? Nicht eine einzige! Und um in diesem Bild zu bleiben: Dein Leben ist aber die Welle, die DU reitest.«

»Das ist ein sehr schönes Bild«, stellte ich zufrieden fest. »Und beim Angeln ist es ganz bestimmt genauso. Deswegen kümmere ich mich nicht mehr um die anderen beiden Experten, sondern gehe jetzt raus in die Klippen und fange meinen ersten Wolfsbarsch. Tidenkalender hin oder her.«

»Wieso, so schlecht sieht es mit der Tide gar nicht aus. Das Wasser läuft schon seit zwei Stunden wieder auf.« Paul blickte mich aufmunternd an. »Außerdem hast du ja eine Absprache mit Thomas!«

»Hat der Kerl mich etwa verraten?«

»Na, sagen wir mal so: Er freut sich einfach auf den wilden Fisch und konnte aus seiner Vorfreude kein Geheimnis machen. Und ich freue mich auch darauf. Also los! Tight Lines!«

Für einen Moment überlegte ich, statt auf die Klippen hinaus auf eine der Hafenmolen zu gehen. Aber es war Wochenende. Sicherlich würden eine Menge Spaziergänger auf die Molen hinausschlendern, und es wäre bestimmt der eine oder andere dabei, der sich dann in meinem Kreis herumtreiben würde: *Haben Sie schon was gefangen? Was fängt man denn hier überhaupt? Wie lange stehen Sie hier schon? Ist ein mühsames Geschäft, oder?*

Ich hingegen wollte einfach in Ruhe angeln …

Ich ging zum Hotel, holte meine Angelsachen und eine Stunde später stand ich voller Tatendrang in den Klippen.

Die Wellen schlugen mit einem dumpfen Grollen gegen die Klippen, bäumten sich ein letztes Mal mannshoch auf, zerbarsten und fielen in unzähligen Tropfen auf die Klippen und zurück in das Meer. Im Rhythmus der Wellen schaute ich immer wieder kurz durch diese sich aufbäumenden Wassermassen. Am Anfang zog ich bei jeder Welle den Kopf ein, aber irgendwann blieb ich einfach stehen und genoss den Wasserschwall. Meine Watklamotten sorgten dafür, dass mein Körper trocken blieb. Ich warf meinen Köder hinter das schäumende Weißwasser und zog ihn dann wieder an die Klippen zurück. Unter dem gequirlten Oberflächenwasser lag eine Wassersäule von sieben, acht Metern, und die Futterfische der Wolfsbarsche, die den Schutz der Klippen suchten, wurden darin herumgeschleudert wie in einer Waschmaschine. Und wen die Kraft verließ, der wurde aus der Maschine herausgeschleudert und von den wartenden Wölfen gefressen. Meistens am Übergang des aufgeschäumten Wassers zum ruhigeren und klareren Wasser der auflaufenden Wellen.

Es war der achte oder neunte Wurf, als sich ein Wolfsbarsch meinen Köder ohne Vorankündigung am Übergang zum Weißwasser packte. Eine halbe Stunde später stand ich mit stolz geschwellter Brust und dem Fisch in der Hand in Thomas' Küche.

»Wow, gratuliere! Den werden wir uns morgen schmecken lassen!«, meinte er freudestrahlend.

»Danke, dass du den Fisch zubereiten wirst!«

»Du hast was gefangen, stimmt's?« Paul hatte mir schon von Weitem angesehen, dass ich erfolgreich war, als ich ihn vor dem Hotel traf.

»Ja! Stell dir vor, ein Wolfsbarsch, fünfundfünfzig Zentimeter lang. Wir werden den Fisch morgen Abend gemeinsam mit Thomas grillen.«

»Da freue ich mich sehr drauf!« Paul nahm mich dankbar in den Arm, und ich erwiderte seine Umarmung.

Wir waren in diesem Moment freundschaftlich so tief verbunden wie niemals zuvor.

Was für eine gemeinsame Reise!

Miteinander im Unternehmen

Verbundenheit schaffen

Am nächsten Morgen schwelgte ich auf dem Weg zum Strand in den Erinnerungen des gestrigen Abends. Immer wieder warf ich in Gedanken den Köder aus, spürte den harten Einschlag des Fisches in der Rute und fühlte meine Freude, als ich diesen wundervollen wilden Fisch vor mir auf den Klippen liegen sah. Es war meine ganz persönliche kleine Heldengeschichte auf dieser Reise, und mir kamen Pauls Worte wieder in den Sinn: *Die schönen Erinnerungen rauben uns keine Energie, weil sie uns ein Lächeln ins Gesicht und ins Herz zaubern. Im Gegenteil, diese Erinnerungen sind energiespendend.*

Paul und ich genossen die ersten Stunden des Tages im Meer. Ich war längst nicht mehr so steif in den Gliedern und so wackelig auf dem Brett wie noch vor ein paar Tagen. Training ist eben Training! Und das gilt für ein gelingendes Leben im Hier und Jetzt genauso wie für das Wellenreiten. Sicherheit und Vertrauen wachsen nur durch das Tun.

Zum Frühstücken gingen wir hinauf in das Strandcafé. Maria begrüßte uns mit einem strahlenden Lächeln, und Paul sah sie mit einem schelmischen Grinsen an.

»Deine Flaschen bekommst du immer noch nicht zurück! Die brauche ich noch!« *Was hat der Kerl denn noch vor?* Ich dachte an Pauls Kreis und kam zu keiner Antwort.

Die Angst braucht Antworten, und das Herz gibt sich hin. *Hingabe* war aber das Gebot der Stunde, und ich befand mich wieder in einem anderen Trainingslager als gerade eben in den Wellen: in dem Trainingslager meines Lebens.

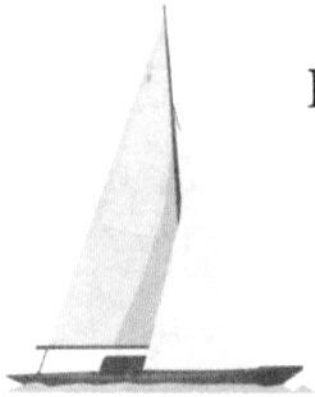

Die ersten Fischkutter verließen den Hafen und tuckerten den ahnungslosen wilden Fischen entgegen.

Auch viele Freizeitkapitäne waren jetzt am Wochenende am Start. Für den einen oder anderen war es schon eine Challenge, dass teure Gefährt unfallfrei aus der Anlegebox zu manövrieren. An manchen Booten hingen mehr Fender außenbords, als es in dem gut sortierten Yachtzubehörladen am Hafen zu kaufen gab. Augenscheinlich gehörte zu dem Equipment eines auslaufenden Bootskapitäns auch eine coole Sonnenbrille, eine protzige Armbanduhr und ein an den Unterarmen aufgekrempeltes Freizeithemd in einem trendigen Sommermuster. In diesem Jahr waren Wildblumenmuster angesagt. Völlig unpassend für diese maritime Welt. Die Frau des Kapitäns trug ein entsprechendes Sommerkleid und eine stilechte, unpraktische Handtasche. Klein, aber teuer.

Ach, es ist so leicht und so verführerisch, sich in den Kreisen von anderen Leuten rumzutreiben!

Paul holte mich in meinen Kreis zurück.

»Wollen wir noch einen Blick in dein Unternehmen werfen?«, fragte er mich. »Wir haben ja immer noch die Flaschen!«

»In mein Unternehmen?« Sein Vorschlag kam in diesem Moment schon ein wenig überraschend für mich.

»Ja, diese Geschichte kann dir in Teilen ihrer Bilder auch verdeutlichen, woran es wohl in deinem Unternehmen gerade hapert!«

»Natürlich will ich mit dir einen Blick in mein Unternehmen werfen!« Ich blickte Paul interessiert an.

Jetzt war auch klar, warum er die Flaschen noch nicht hergegeben hatte.

Meine Druckerei war ein Familienunternehmen in dritter Generation und meine Angst, dieses Unternehmen gegen die Wand zu fahren, war auch auf dieser Reise gegenwärtig.

»Um über dein Unternehmen zu reden, nehmen wir jetzt nur mal die zwei Flaschen und den Kreis. Hast du die Flaschen überhaupt dabei?« Paul sah mich lächelnd an. »Du bist wirklich ein Chaot!«

Paul griff nach den Flaschen, die ich ihm aus dem Rucksack reichte. Er stellte die Flaschen auf den Tisch, und in der Mitte platzierte er eine Untertasse als Kreis.

»Wir haben jetzt die Vergangenheit, das Hier und Jetzt und die Zukunft.« Er zeigte auf die drei Elemente. »Ah, warte, ich gehe kurz rein zu Maria und hole zwei Rollen Wechselgeld!«

Rollen mit Wechselgeld. Darauf musste man erst einmal kommen! Aber da zeigte sich, dass Paul diese Geschichte in ihren Facetten wirklich schon öfter in Cafés und Restaurants erzählt hatte. Wie kommt man sonst auf diese Idee?

»Stell dir vor, wir blicken hier gerade auf dein Unternehmen und du hast nicht fünfundsechzig Mitarbeiter, sondern nur fünfzig«, begann er mit seiner Erzählung.

»Und die stecken in den Wechselgeldrollen, richtig?«

»Richtig! Jeder Euro steht für eine Mitarbeiterin oder einen Mitarbeiter!«, bestätigte Paul meine Vermutung.

»Es gibt Mitarbeiterinnen und Mitarbeiter, die kommen jeden Tag in dein Unternehmen und hängen an ihren alten Wunden und Schmerzen fest. Diese wurden dadurch verursacht, als sie sich irgendwann von dir, einem Abteilungsleiter oder sonst wem im Unternehmen ungerecht behandelt, übergangen oder zu Unrecht kritisiert gefühlt haben. Sie sind, unternehmerisch gesprochen, überhaupt nicht in der Lage, wirklich produktiv oder kreativ zu sein, weil ihre gestalterische und mitwirkende Energie nicht fließt, sondern am erlittenen Schmerz im Unternehmen festhält. Sie sind gekränkt, und diese Kränkung blüht jeden Tag wieder neu auf, wenn sie dein Unternehmen betreten. Und diese Mitarbeiterinnen und Mitarbeiter sprechen nicht über ihre Kränkungen, sondern sie leiden oftmals still vor sich hin. Oder, was die Sache auch nicht besser macht, sie lästern im Unternehmen mit anderen über andere, um ihrem eigenen Unmut Luft zu machen.

Auf diese Art und Weise suchen sie Bestätigung für ihre Sicht der Dinge. Das gelingt ihnen besonders gut mit Menschen, die ähnliche Erfahrungen im Unternehmen gemacht haben wie sie. Ich glaube, du weißt, welchen Typ Mitarbeiterin oder Mitarbeiter ich meine, oder?«

»Ja, ich weiß, wer gemeint ist.« Für mich war das Problem so weit klar.

»O. k. Wenn du jetzt ehrlich an dein Unternehmen denkst: Was glaubst du, wie viele deiner Mitarbeiterinnen und Mitarbeiter jeden Tag mit dieser gedanklichen Haltung in deinem Unternehmen unterwegs sind? Nicht lange nachdenken. Dein erster Impuls!«

»Fünfzehn!«

»Fünfzehn?«

»Ja!«

»O. k.!«

Paul öffnete die erste Wechselgeldrolle und legte fünfzehn Ein-Euro-Stücke an die Flasche der Vergangenheit.

»Das sind die fünfzehn Mitarbeiterinnen und Mitarbeiter, über die wir gerade gesprochen haben!« Er zeigte auf die Münzen.

»Und dann gibt es die Menschen in deinem Unternehmen, die in ihrer Zukunftsangst feststecken. Sie haben aus unterschiedlichen Gründen Angst, ihren Job zu verlieren. Sie sind permanent gestresst, weil sie glauben, irgendwelchen Ansprüchen nicht zu genügen, bestimmte Aufgaben nicht zu bewältigen oder sie zweifeln an der Zukunftsfähigkeit des Unternehmens und suchen sich in Gedanken schon einen neuen Job.«

Paul begann damit, weitere Münzen aus der Wechselgeldrolle herauszupulen.

»Was glaubst du, wie viele Mitarbeiterinnen und Mitarbeiter jeden Tag mit solchen Gedanken in dein Unternehmen kommen? Überleg auch hier nicht zu lange – folge einfach deinem ersten Impuls.«

»Hm, fünfundzwanzig.«

»Fünfundzwanzig?«

»Ja!«

»Bist du mit dabei? Hast du dich mitgezählt?« Mein Freund lächelte mich verschmitzt an.

»Nein!«, antwortete ich. »O. k. Also sechsundzwanzig!«

Paul legte sechsundzwanzig Münzen an die Flasche der Zukunft.

»Ach, du meine Güte!« Auf den ersten Blick war mir die Dramatik des Bildes klar.

Die verbleibenden neun Münzen legte Paul auf den Teller.

»Im Unternehmensbild gesprochen haben fünfzehn Menschen innerlich gekündigt, und die anderen haften so sehr an ihrer Angst, dass sie ihre Ressourcen nicht in das Unternehmen einbringen, sondern zu großen Anteilen in ihrer Angst aufbrauchen. Letztendlich sind es neun Menschen, die deinen Laden wirklich entwickeln und zusammenhalten!«

Und was Paul mir da gerade vorhielt, bestätigte sich für mich im Stillen, als ich kurz darüber nachdachte, wer wirklich diejenigen waren, die das Unternehmensfeuer am Brennen hielten.

Die Zahl *Neun* war sehr dicht an meiner gefühlten unternehmerischen Realität.

Ich musste mich innerlich kurz schütteln, war aber weit davon entfernt, jetzt die Flucht zu ergreifen, mich ins Meer zu stürzen oder beleidigt meine sofortige Heimreise anzutreten.

»Ich bin einerseits wirklich schockiert über das Bild, aber andererseits ist es so klärend und hilfreich, weil diese bildhafte Zustandsbeschreibung mir jetzt wirklich die Augen öffnet!

In so einem Laden will ja keiner arbeiten!«, platzte es aus mir heraus.

»Da könntest du recht haben. Und die, die in dem Laden arbeiten, haben nicht wirklich viel Freude an ihrem Tun. Gelacht wird da eher weniger!«

»Ja, das stimmt wohl! Und ich bin der Chef dieser freudlosen Firma!«

»Na ja, durch deine Angstgedanken hast du dieses System der Angst in deinem Unternehmen ständig selbst befeuert! Wie sollen deine Mitarbeiterinnen und Mitarbeiter zuversichtlich nach vorne schauen und das Unternehmen begeistert weiterentwickeln, wenn ihr eigener Chef in der eigenen Angst festhängt.

Unternehmensführung ist in erster Linie erst einmal Selbstführung, ist vorgelebtes *Mitte-Kreis-Bewusstsein*!«

»Ich krieg das wirklich erst auf dieser Reise zusammen. Und es prasseln so viele neue Erkenntnisse auf mich ein, dass ich Angst habe, das nicht gewuppt zu kriegen.«

»Vielleicht beginnst du damit, ehrlich von dir und deinen Angstgedanken zu erzählen. Es wird deinen Mitarbeiterinnen und Mitarbeitern guttun, dass das, was sie sowieso tagtäglich wahrnehmen, endlich in gesprochene Worte gewandelt wird.

Denn natürlich spüren sie, dass du in deiner Angst bist. Und dann von dir zu hören, dass es deine Angst ist, die dich über Jahre gelähmt hat, kann völlig neue Energien freisetzen, weil der Herzstein deiner Mitarbeiterinnen und Mitarbeiter in Resonanz gehen wird.

Und diese Resonanz wird Empathie und Verständnis sein. Dieses ehrliche Erzählen und Zuhören wird für alle eine erste intensive *Mitte-Kreis-Erfahrung* im Miteinander sein.

Und diese Erfahrung speist sich aus deinem Mut zur Ehrlichkeit, und dazu gehört auch das Eingestehen von gemachten Fehlern. Wie kraftvoll und Mut machend es sein kann, anderen Menschen ehrlich von sich zu erzählen, haben wir gerade miteinander erlebt.

Du gibst den Herzen der Menschen endlich den Raum

und die Chance, wirken zu können und sie nicht länger verschlossen zu halten. Und nicht nur das.

Jeder Mensch in deinem Unternehmen kann diese Prozesse auch für seine persönliche Lebensreise nutzen. Denn oftmals ist es ja wie in deinem und meinem Fall: Wer im Unternehmen in der Angst ist, der ist es auch in den anderen Bereichen seines Lebens! Und genauso verhält es sich bei den persönlichen Kränkungen.« Paul sah mich an.

»Dein Unternehmen kann viel mehr sein als eine Anhäufung von Arbeitsplätzen. Es kann ein Raum sein, in dem Mitarbeiterinnen und Mitarbeiter ihr persönliches Bewusstsein weiterentwickeln und sich von Mensch zu Mensch begegnen. Und es kann ein guter Anfang sein, im Unternehmen die Geschichte von dem Kreis, den zwei Flaschen und den drei Steinen zu erzählen.«

»Also quasi ein gemeinsames Trainingslager des Lebens.« Ich blickte Paul hoffnungsvoll an.

»Ja, die Geschichte hilft, die persönlichen Themen und Befindlichkeiten im Unternehmen zu verorten. Sie kann die Tür zu einem neuen ehrlichen Dialog öffnen. Und das schafft eine ganz andere Verbundenheit untereinander und mit dem Unternehmen.

Zumindest für die, die diesen neuen Weg mitgehen wollen. Aber du hast nichts zu verlieren, denn wenn du den Kulturwandel nicht angehst, wird es für dein Unternehmen ohnehin keine Zukunft geben. Zukunftsfähigkeit im Unternehmen braucht Menschen in ihrer Kraft und in ihrer Liebe. Und hol dir Leute, die den Prozess begleiten. Neutrale Personen, an denen keine Vorgeschichten haften und die im Sinne dieses Kulturwandels im Unternehmen wirken können.«

»Was ist mit dir?«, fragte ich Paul.

»Ich denk drüber nach.«

»Komm schon!«

»O. k.! Aber nur für die Ebene Mensch zu Mensch. Für die strategischen Fragen und die Ausrichtung des Unternehmens bin ich nicht der Richtige. Obwohl, so viel kann ich ahnen: Wenn es gelingt, die Herzen der Mitarbeiterinnen und Mitarbeiter wieder zu erreichen, wird auch eine Unternehmensentwicklung aus dem Unternehmen heraus möglich sein. Jede Mitarbeiterin und jeder Mitarbeiter tragen so viel Erfahrung und Wissen in sich, und das ist ein riesiger Schatz für die Zukunftsentwicklung des Unternehmens.

Und auch da gibt es gute Wegbegleiter, die diese Prozesse moderieren und begleiten können. Aber nichts geht ohne den ersten Schritt: Ihr müsst euch wieder von Mensch zu Mensch begegnen! Und das heißt, über die Schmerzen und die Ängste reden!«

»Es beruhigt mich gerade sehr, dich erst einmal an meiner Seite zu wissen«, erwiderte ich Paul dankbar. Ich wollte aus tiefstem Herzen ein Unternehmer ohne Angst sein, deshalb würde ab sofort auch mein Unternehmen mit auf den Trainingsplatz des Lebens gehören. Und wie Paul schon richtig bemerkte: Diese Entscheidung war alternativlos, wenn es denn überhaupt eine Zukunft für meine Druckerei geben sollte.

Mein Unternehmen als LEBENSRAUM – was für eine schöne Vision.

»Es war eine gute Idee, Maria die Flaschen noch nicht zurückzugeben«, bemerkte ich und musste plötzlich lachen.

»Siehste! Der Chaot wusste schon warum!« Paul klopfte mir freundschaftlich auf die Schulter.

»Und wir werden diese Flaschen noch ein letztes Mal brauchen. Also renn jetzt bloß nicht mit den Dingern los!«

Jetzt bloß keine Fragen stellen. Wie war das mit der Hingabe? Wer sich hingibt, erhält sich auch die Spannung. Das Herz hält das mit Leichtigkeit aus. Und die Angst strebt nach Kontrolle. Alles gut!

Wo bin ich gerade mit meinen Gedanken?
Und findet dort, wo ich mit meinen Gedanken bin, gerade mein Leben statt?

Ich saß mit Paul in einem wunderbaren kleinen Strandcafé und blickte von der Promenade auf ein wellenbewegtes Meer. Die Sonne schien von einem wolkenlosen Himmel, und aus dem Hafen fuhr ein Freizeitkapitän Richtung Fanggründe. Er würde den Fischen nichts tun und vor den Fischern wieder im Hafen sein. Selbst die Möwen würden beim Einlaufen gelangweilt auf den Molensteinen sitzen bleiben.

»Wollen wir mal was für die Zeit nach unserer Wellenreiter-Karriere tun?« Ich blickte Paul erwartungsvoll an.

»Du meinst Boule spielen?«

»Ja! Das haben wir auf dieser Tour noch nicht gemacht. Ich finde, jetzt ist der perfekte Moment dafür. Der Wind ist eingeschlafen, es sind da draußen nur kleinere Wellen unterwegs und ich würde in den kleinen Wellen wahrscheinlich wieder nur auf dumme Gedanken kommen!«, bemerkte ich, bevor ich erneut lachte.

»Sehr gute Idee!«, rief Paul begeistert. »Steck du mal wieder die Flaschen ein!« Ich verstaute die Flaschen im Rucksack, und Paul sammelt die Münzen ein. Was immer er damit auch vorhatte …

Wir gingen zurück ins Hotel und holten unsere Boulekugeln. Sie gehörten zu den Requisiten, die wir als Rückkehrer gar nicht mehr mit nach Hause nahmen, sondern im Keller des Hotels einlagerten. Und das war nicht nur platzsparend. Die Kugeln wogen, meine Watbekleidung einmal ausgenommen, fast genauso viel wie mein restliches Fluggepäck für die Woche.

Neben den Boulekugeln lagerten noch zwei Lenkdrachen, eine Strandmuschel und ein semiprofessionelles Schnorchelset mit Harpune im Keller des Hotels.

Auch unsere Boards würden am Ende der Reise wieder dort verschwinden. Jean meinte es einfach gut mit uns.

Unser Ziel war der kleine Marktplatz des Örtchens. Große Bäume umsäumten den Platz und spendeten wohltuenden Schatten. Zwischen den Bäumen standen weiß gestrichene Holzbänke.

Neben dem Hafen war dieser Platz ein beliebter Treffpunkt für alle Menschen im Ort, die etwas verloren einen Kinderwagen vor sich herschoben, eine Krankschreibung in der Tasche hatten oder schon im gesegneten Rentenalter waren. Der Platz war der Treffpunkt der Boulespieler. Sie gehörten alle ausnahmslos zur letzten Personengruppe. Und wie bei den Freizeitkapitänen gab es auch bei den lokalen Boulespielern so etwas wie einen Dresscode: lederne, bis zum Zellboden durchgebräunte Haut, ein abgetragener Strohhut, ein ursprünglich weißes Achselhemd, Sandalen und einen Goldzahn. Die meiste Zeit ihres Lebens hatten diese Männer auf dem Meer zugebracht.

Und jeder, einfach jeder, der hier eine Kugel in die Hand nahm, war ein begnadeter Boulespieler!

»Wo wollen wir spielen?« Paul sah mich kurz an, bevor er seinen Blick über den Marktplatz schweifen ließ. »Nicht lange überlegen, erster Impuls!«

»Das hast du vorhin schon zu mir gesagt, als ich meine Mitarbeiterinnen und Mitarbeiter beurteilen sollte!«, erinnerte ich ihn an unser Gespräch im Café.

»Wir haben für jede Frage, auf die wir eine Antwort suchen, in den ersten drei Sekunden einen liebevollen Impuls. Auf jede Frage! So hast du das vorhin im Café auch gemacht. Erster Impuls. Noch ein erster Impuls. Und am Ende war das Bild, das wir kreiert haben, sehr dicht dran an deiner unternehmerischen Realität.«

»Das stimmt!«

»Mir ist in den letzten zwei Jahren immer bewusster geworden, dass dieser erste liebevolle Impuls immer von meinem Herzen kommt. Es ist ein Mitte-Kreis-Impuls. Er wirkt drei Sekunden, und ab Sekunde vier wird es dann anstrengend. Dann meldet sich mein Verstand und hinterfragt diesen ursprünglich völlig stimmigen Impuls. Erinnerst du dich an mein Rumgeeiere bezüglich der Investitionen in das Nachhaltigkeitsprojekt in unserer Gemeinde? Als die Anfrage kam, habe ich sofort begeistert Ja gesagt. Es waren die ersten drei Sekunden! Und dann kamen die Zweifel: *Schlaf lieber noch mal eine Nacht darüber! Was sagt der Dietmar dazu, der hat doch Erfahrungen mit solchen Projekten? Was ist, wenn das Projekt in den lokalen Medien schlecht wegkommt?*

Das Geeiere ging ab Sekunde vier los, und am Ende habe ich mich nicht an dem Projekt beteiligt. Und was soll ich dir sagen? Ich bereue es jeden Tag!«

»Ich denke, du hast mit deiner Vergangenheit Frieden geschlossen?« Verwundert sah ich Paul an. Und er schien in diesem Moment selbst ein wenig verwundert zu sein.

»Das gibt es doch nicht! Da war also doch noch was«, bemerkte er nachdenklich. »Das werde ich jetzt auch in Frieden loslassen. Es ist vorbei! Du bist wirklich ein sehr aufmerksamer und liebevoller Zuhörer.«

»Es ist einfach spannend, mit dieser Geschichte unterwegs zu sein!« Ich bemerkte, dass ich mittlerweile gelernt hatte, die Bilder der Geschichte immer besser anzuwenden.

»Es gab eine Reihe solcher Beispielgeschichten in meinem Leben, in denen ich meinem ersten Impuls nicht gefolgt bin und im Nachhinein fühlen konnte, dass es die falsche Entscheidung war. Mir passierte das, was dir deine Kräfte raubt: Ich ging vom stimmigen Herzensimpuls in die Angst.

Und was ich dann verstanden habe, auch in der gemeinsamen Zeit mit Daniel, ist: Zuerst spricht immer mein Herz mit mir, und die Frage ist, ob ich den Mut finde, ihm bedingungslos zu folgen. Wenn ich anfange, Bedingungen zu stellen, bin ich nicht mehr in meinem Herzen, sondern im Verstand und am Ende in meiner Angst.

Das ist eine wunderbare und heilsame Erkenntnis für mich! Und ich kann dir aus Erfahrung sagen, dass es mit diesen drei Sekunden in allen Bereichen des Lebens funktioniert.

Und das finde ich so hoffnungsspendend und Mut machend, weil die Mitte-Kreis-Impulse nie versiegen werden, egal wie weit ich mich verrannt habe. Sie tauchen immer wieder aufs Neue auf.«

»Ich weiß jetzt wo«, unterbrach ich Paul mit einem breiten Grinsen. »Ha! Jetzt hattest du ja auch richtig viel Zeit, deine Entscheidung durchzukauen.«

»Nee, nee! Ich kehr jetzt direkt zu meinem ersten Gedanken zurück! Und das fühlt sich richtig gut an! Wir gehen dort hinten in die Ecke, wo der Eiswagen steht.«

»Sehr gute Entscheidung! Und der Verlierer zahlt das Eis.«

»Ich habe kein Geld dabei.«

„Doch, hast du! In deinem Rucksack stecken fünfzig Ein-Euro-Stücke.«

Es war ein großartiger Nachmittag. Wir hatten unendlich viel Spaß beim Spielen, und am Ende konnte Paul seine Münzen im Rucksack lassen. Ich bezahlte zwei üppige Eisbecher mit vier Kugeln gemischtem Eis mit Sahne und Paul wollte auf der Sahne noch Kokosstreusel als Topping. Er bekam, was er wollte.

Wir schauten den alten Fischern noch eine ganze Weile beim Spielen zu und mussten uns schließlich beeilen, nicht zu spät zu der Verabredung mit Thomas und Jean zu kommen.

Der Weg zurück zum Hotel war kurz. Er führte uns durch eine schmale Gasse, in der Haus an Haus stand. Auf einigen der Balkone hing frisch gewaschene Wäsche zum Trocknen im Seewind, der hier lau und unentwegt durch die Gassen strich.

Als wir das Hotel erreichten, saßen die beiden wartend auf der alten Holzbank vor der Rezeption. Sie hatten zwei Körbe gepackt und weihten uns gut gelaunt in ihre Pläne ein.

»Wir grillen den Fisch in den Klippen.«

Es war der freie Tag der beiden, und für uns als Rückkehrer war es eine Ehre, dass sie diesen freien Abend gemeinsam mit uns verbrachten. Thomas ging zielstrebig über den Strand, hinein in die Klippen und auf einen geschützten Platz zu, an dem in einer rund gewaschenen Kuhle Reste von Grillkohle lagen. »Willkommen in unserer Outdoorküche!«, freute er sich.

Bei der Zubereitung des Fisches hielt Thomas sich nur an die Basics. Während die Grillkohle durchglühte, legte er den Fisch auf den Grillrost und stellte diesen auf die Klippen, damit der Wind dem Fisch die Feuchtigkeit auf den Außenhäuten entzieht. Der Fisch wurde dadurch krosser, und er backte beim Grillen nicht an. Paul war völlig aus dem Häuschen. »Ich habe noch nie einen so schmackhaften Fisch gegessen! Vielleicht sollten wir doch mehr angeln gehen.« Lächelnd blickte er in die Runde.

»Das hast du jetzt nicht wirklich gesagt, oder?«, fragte ich völlig überrascht.

»Na ja, vielleicht darf ich die Angel auch in den Keller stellen?«

Jean nickte mir liebevoll zu. »Ich bin jetzt schon gespannt, was ihr dann beim nächsten Mal anschleppt«, meinte er lachelnd.

Er bewies an diesem Abend einmal mehr seinen guten Riecher für den passenden Wein zum Fisch, zur kraftvollen Energie in den Klippen und zu einem glückseligen Lebensgefühl, das uns vier an diesem Abend unvergesslich miteinander verband: Mitte Kreis!

Eine hoffnungsvolle Vision

Mitte Kreis!

An unserem letzten Urlaubstag machte ich mich vor dem Frühstück auf den Weg Richtung Hafen. Dort verkauften die Fischer früh morgens ihre Tagesfänge direkt von ihren Kuttern.

Auf der Promenade blieb ich vor einem Zeitungskiosk stehen. Davor standen große Weidenkörbe voller Taucherbrillen, bunter Plastikschaufeln und Badelatschen mit Blümchenmustern. Vom Design harmonierten die Latschen mit den Hemden der Freizeitkapitäne. Neben den Körben standen zwei mit Sandsäcken beschwerte Metallständer. Einer war gefüllt mit Postkarten und der andere mit europäischen Tageszeitungen.

Ich überflog die Headlines. Sie erzählten von einer Welt in Dauerkrise: Klimawandel, Flüchtlingsströme, Kriege, steigende Inflation, die Auswirkungen der Coronapandemie, soziale Ungerechtigkeiten …

Wo waren die guten Nachrichten geblieben? Gab es sie nicht mehr?

Lebten wir in einer Welt ohne positive Ereignisse?

Ich ließ die Zeitungen und ihre schlechten Botschaften im Metallständer stecken und ging weiter zum Hafen, vorbei an dem Angelladen, vor dem die zwei nörgelnden Experten drauf warteten, dass der Inhaber ihnen die Tür öffnete. Nicht mal beim Ankommen ließen sie ihm ein bisschen Zeit. Wir nickten einander kurz zu.

Die Fischer präsentierten ihre Fänge in viereckigen mit Eis gefüllten Plastikkisten, die sie direkt vor ihren Kuttern auf der Kaimauer platzierten. Was für eine tolle Auswahl an frischen Fischen – Doraden, Makrelen, Sardinen, Muränen, Meeräschen, Bonitos und Kabeljaue. Aber kein einziger Wolfsbarsch! In mir stieg erneut eine tiefe Dankbarkeit über meinen Fang auf. Und was Paul mir gestern über die Wirksamkeit der Drei-Sekunden-Entscheidung erzählt hatte, galt auch für meinen Köderkauf, konnte ich das Prinzip in diesem Moment in meiner getroffenen Entscheidung verorten. Ich stand vor zwei Lochwänden mit einer riesigen Auswahl an Ködern, und ich folgte meinem ersten Impuls: Ich kaufte die Köder, die ich bei den beiden Anglern gesehen hatte – allen Angeboten und Fangversprechungen anderer Modelle zum Trotz. Es kann so leicht sein! Ab Sekunde vier wird es bei so einem Angebot quälend schwierig …

Nach dem Fischmarkt traf ich Paul in unserem Strandcafé. Er saß bereits in der Sonne und genoss sein Frühstück aus frischen Früchten, Joghurt, frisch gepresstem Orangensaft und einem Milchkaffee. Ich setzte mich zu ihm, bestellte dasselbe und zusätzlich noch einen Pain au Chocolate.

Maria brachte mir die Bestellung an den Tisch. »Viel Freude beim Frühstücken!«, wünschte sie uns mit einem Lächeln. »Genießt euren letzten Urlaubstag!« Und mit einem Augenzwinkern fügte sie noch hinzu: »Bevor ihr morgen in den Flieger steigt, liefert ihr die Flaschen noch ab!«

»Klar!«, antwortete Paul. »Die würden wir auch gar nicht durch den Check-In bekommen!«

„Du Witzbold!«, begann Maria herzlich zu lachen.

Beim Frühstücken erzählte ich Paul von den frisch gefangenen Fischen, den zwei Angelexperten und von den düsteren Headlines in den Tageszeitungen.

»Siehste! Es gibt keine Zufälle!« Er griff nach seinem Rucksack und kramte die Ein-Euro-Münzen heraus. »Deine Schilderungen passen wirklich wie die Faust aufs Auge zu dem, was ich dir noch erzählen wollte, denn mit den zwei Flaschen, dem Kreis und den Münzen lässt sich auch vortrefflich ein Blick in unsere heutige Gesellschaft werfen.«

»Na, da bin ich aber gespannt. Und das heißt, du brauchst jetzt die Flaschen, oder?«

»Ja, bitte!«

Paul nahm die Flaschen entgegen und stellte sie auf den Tisch. Dazwischen platzierte er eine Untertasse.

»Wie in unseren bisherigen Ausführungen der Geschichte steht die eine Flasche für die Vergangenheit und die andere für die Zukunft. Und der Teller symbolisiert das Hier und Jetzt.«

»Und jetzt blicken wir auf unsere heutige Gesellschaft, und du verknüpfst das mit den Headlines der Tageszeitungen?«, hakte ich kurz nach, denn ich wollte sichergehen, Paul in seinem Vorhaben richtig verstanden zu haben.

»Genau! Aber wir beginnen nun in der Vergangenheit, in unserer Urgroßeltern-, Großeltern und Elterngeneration. Es waren Kriegs- und Nachkriegsgenerationen, und der überwiegende Teil der Menschen klebte, bildlich gesprochen, an der Flasche der Vergangenheit fest. Sie waren in ihren erlittenen Traumata und Verwundungen verhaftet. In jeder Familie gab es unfassbare Kriegsschicksale, und zu all den Schmerzen und Leiden kamen sehr häufig auch Scham und Schuldgefühle hinzu. Und diese persönlichen Dramen wurden verstärkt durch ein kollektives Schweigen. Es wurde über all das kaum, meistens aber gar nicht gesprochen, und sehr viele Menschen machten das Geschehene notgedrungen mit sich selber aus.

Auch professionelle Hilfe gab es kaum.

Und so sah diese gesellschaftliche Zustandsbeschreibung bildlich gesprochen aus.«

Paul nahm einen Großteil der Münzen und legte sie an die Flasche der Vergangenheit. Einen kleineren Teil der Mün-

zen legte er in die Mitte des Tellers und an die Flasche der Zukunft.

»Was gesellschaftlich in der letzten Generation passiert ist, hast du heute Morgen in den Headlines gelesen. Dieses gesellschaftliche Bild hat sich in der letzten Generation immer mehr in Richtung der anderen Flasche, der Flasche der Zukunft und damit in die Angst, verlagert. Heute sind die meisten Menschen in ihren Ängsten verhaftet! Und die ganzen Krisen sind ein Ausdruck dieser Ängste, und sie verstärken diese noch!

Es gibt sehr viele Menschen, die jeden Tag darauf warten, dass die vielen Krisen endlich enden mögen und sie ihr altes Leben zurückbekommen. Dieses alte Leben wird es aber niemals wieder geben! Und was sich die Menschen mit dieser unerfüllten Hoffnung tagtäglich kreieren, ist, dass sie jeden Tag aufs Neue ihr Leben verpassen! Und jeden dieser Tage gibt es unwiederbringlich genau einmal im Leben.«

Paul schob die Münzen von der Flasche der Vergangenheit unter die Flasche der Zukunft. Er ließ fünf zurück, und auch die Münzen in der Mitte des Kreises ließ er liegen.

»Weißt du, was an dem Bild wirklich beeindruckend ist?« Nachdenklich sah ich Paul an. »Wie du die Münzen von der einen zur anderen Flasche geschoben hast. Einfach an der Mitte vorbei. Dabei findet dort das Leben statt.«

»Es ist tatsächlich dramatisch, weil du in einer Gesellschaft, die in ihrer Angst verhaftet ist, natürlich auch ein Angstklima herrscht, und das äußert sich auf vielfältige Weise.

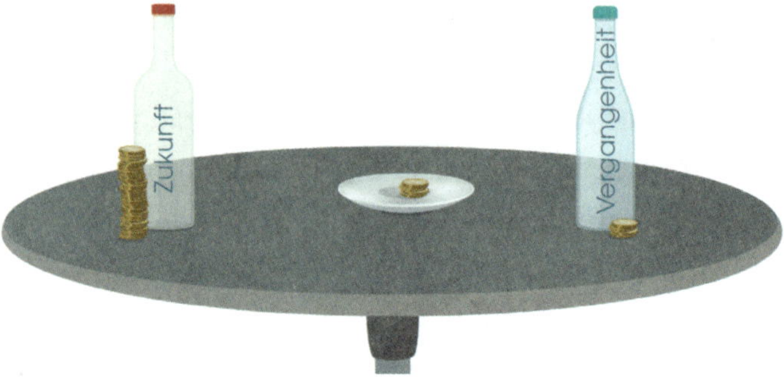

Der Umgang miteinander wird ungehaltener, die Menschen sind zunehmend verunsichert und gereizt. Viele suchen in den Kreisen der anderen nach Schuldigen für diesen Zustand und übersehen, dass sie die Verantwortung für ihr Leben selbst tragen. Und es lässt sich mit diesen Menschen eine ganz andere Politik machen als mit jenen, die in der Mitte ihres Kreises sind. Frauen und Männer in ihrer Kraft sind nicht so leicht zu manipulieren wie kleine, ängstliche Mädchen und Jungen!«

»Um es mit diesem Bild zu sagen, wäre es doch eine schöne Vision, wenn wir eine Gesellschaft erschaffen, in der die Menschen in der Mitte ihres Kreises sind, im Hier und Jetzt, in ihrer Liebe!«

»Das ist eine ganz wunderbare Vision! Und aus unser beider Lebensgeschichten wird deutlich, dass das immer zuerst eine persönliche Aufgabe ist, die niemand für einen selbst übernehmen kann – kein Partner, kein Vorgesetzter und kein Staat. Aber der Staat kann diese Reise mit einem spirituellen Bildungssystem fördern. Ein Bildungssystem, das Räume schafft, in denen Menschen zu Persönlichkeiten reifen können. Räume, in denen sie erfahren können, was es heißt, mutig zu sein, achtsam zu leben, auf ihr Herz zu hören und in denen ihre Gaben und Talente wertgeschätzt werden. Im Moment wird in diesen Systemen immer noch vielen Menschen beigebracht, wie man funktioniert, aber nicht, wie man lebt.

Und das befeuert die Ängste, weil man sich immer weiter von sich selbst entfernt hat, von dem, wer und was man im Grunde seines Herzen ist. Die Menschen wurden aus ihrer eigenen Mitte vertrieben, und sie haben sich vertreiben lassen.«

»Mensch, Paul, das ist wirklich eine sehr interessante Betrachtungsweise, und beim Blick auf die Headlines machte sich in mir für einen kurzen Moment wirklich Hoffnungslosigkeit breit. Ein Gefühl von *Es-ist-sowieso-alles-schon-zu-spät.*«

»Ja, so ist es wohl am Ende. Hoffnungslosigkeit wird in der Angst geboren. Aber unser Herz in der Mitte des Kreises ruft uns unentwegt liebevoll zu: *Jeder Tag ist ein Geschenk an dein Leben! Genieße dein Leben und komm in deine Kraft!*

Nur wenn wir in dieser Zusage und Zuversicht leben, sind wir überhaupt erst in der Lage, eine andere Welt zu erschaffen. Es ist eine Mitte-Kreis-Vision.«

»Also alle in das Trainingslager des Lebens«, erwiderte ich lächelnd.

»Ja, und da hat jeder erst einmal richtig viel mit sich selber zu tun«, bestätigte Paul, während er alle Münzen auf dem Teller zu einem Turm stapelte.

»Das sieht großartig aus.«

»Das finde ich auch.«

»O. k.! Noch einmal raus in die Wellen, bevor unsere Boards wieder bei Jean im Keller verschwinden?«

»Unbedingt! Aber vorher bringen wir brav die Flaschen zurück!« Ich zwinkerte Paul zu, nahm die Flaschen und übergab sie Maria.

»Es wird nicht lange dauern, dann wird wieder jemand nach den Flaschen fragen«, sagte sie. »Die Geschichte zieht immer weitere Kreise, und diese Flaschen sind voller guter Erzählenergie! Es gibt hier schon eine Menge Leute rund um das Café, die die Geschichte mit anderen teilen können. Und seit dieser Reise gehörst du auch dazu!« Maria bedachte mich mit einem liebevollen Blick.

»Zu diesem Kreis der Geschichtenerzähler gehöre ich sehr, sehr gerne! Und unsere drei Steine werde ich in jedem Fall mit nach Hause nehmen! Auch sie sind schon aufgeladen von der Energie der Geschichte!«, weihte ich Maria noch vor Paul in meinen Plan ein. Hoffentlich hatte er die Steine noch in seinem Rucksack!

»Was für eine tolle Idee! Und zwei Flaschen wirst du sicherlich auftreiben können«, sagte sie begeistert.

»Ich möchte sie in jedem Fall bei uns am Meer aufsammeln. Ganz so wie in der Geschichte der zwei Fischer, in der die Flasche ursprünglich auf dem Meer vor sich hindümpelte. Das gibt auch den Flaschen eine besondere Energie! Und ich freue mich wirklich sehr darauf, diese Geschichte mit anderen Menschen zu teilen. Die ersten werden meine Freundin und die Mitarbeiterinnen und Mitarbeiter in meinem Unternehmen sein.«

Wir verabschiedeten uns herzlich voneinander, als Paul hineinplatzte. »Wo bleibst du denn, Tom? Oh, Entschuldigung. Stimmt ja: Es ist Zeit, auf Wiedersehen zu sagen!«

Auch Paul umarmte Maria, und wir versprachen ihr, im nächsten Jahr wiederzukommen.

Und Rückkehrer halten sich an ihre Versprechen.

»Hast du eigentlich noch die Steine im Rucksack?«, fragte ich Paul auf dem Weg zum Hotel.

»Ja! Wieso?«

»Ich brauche sie noch.«

Bis zum Einbruch der Dämmerung blieben wir draußen im Meer. Und die Wellen waren wirklich herausfordernd. So herausfordernd, dass sich keiner der Freizeitkapitäne aus dem Hafen traute.

Ich nahm die Welt völlig anders wahr, als noch vor ein paar Tagen. Ich fühlte eine innere Befreiung und konnte spüren, wie Zuversicht und Kraft in mein Leben zurückkehrten. So sollte sich das Leben für mich anfühlen!

Und natürlich war mir klar, dass es auch wieder Momente geben würde, in denen ich mich aus der Mitte meines Kreises durch meine Gedanken entfernte. Aber jetzt wusste ich um die Kraft der Liebe in meinem Medizinbeutel des Lebens!

Und außerdem war das schon wieder gedankliche Zukunftsmusik …

Wo bin ich gerade mit meinen Gedanken?
Und findet dort, wo ich mit meinen Gedanken bin, gerade mein Leben statt?

Ich war so am Leben, wie schon lange nicht mehr.

Mitte Kreis!